हिंदू कला-दृष्टि

हिंदू कला-दृष्टि

संस्कार भारती क्यों?

दत्तोपंत ठेंगड़ी

प्रकाशक

प्रभात पेपरबैक्स

प्रभात प्रकाशन प्रा. लि. का उपक्रम

4/19 आसफ अली रोड, नई दिल्ली–110002

फोन : 23289777 • हेल्पलाइन नं. : 7827007777

इ–मेल : prabhatbooks@gmail.com ❖ वेब ठिकाना : www.prabhatbooks.com

संस्करण

2022

मूल्य

एक सौ पचास रुपए

अनुवाद

रघुनाथ सिंह

मुद्रक

आर–टेक ऑफसेट प्रिंटर्स, दिल्ली

★

HINDU KALA-DRISHTI

by Shri Dattopant Thengadi

Published by **PRABHAT PAPERBACKS**

An imprint of Prabhat Prakashan Pvt. Ltd.

4/19 Asaf Ali Road, New Delhi-110002

ISBN 978-93-90378-18-0

₹ 150.00

प्रकाशकीय निवेदन

"कला संस्कृति का अलंकार है और संस्कृति कला का अधिष्ठान।" इस पुस्तक का सृजन सामान्यतः संपूर्ण कला-जगत् के लिए और विशेष रूप से 'संस्कार भारती' के मार्गदर्शन के लिए किया गया है।

'संस्कार भारती' के जुड़वाँ उद्देश्य हैं—कलाओं की सृजनात्मकता, सामाजिकता तथा शिक्षाप्रदता का संवर्धन करना और मानव को सत्यम्, शिवम्, सुंदरम् के परमानंद की अनुभूति कराना। कला हमें प्रेरणा देती है और उदात्तता की ओर ले जाती है। वह मानव मन में प्रतिष्ठित करुणा को प्रस्फुटित करती है। कला, करुणा तथा मानवीयता की संयुति हमारे सामाजिक जीवन की पावन त्रिवेणी का निर्माण करती है। 'संस्कार भारती' की संकल्पना का उद्देश्य इस शाश्वत सिद्धांत को पुनः पुष्ट करना और प्रत्येक ललित कला को उसके प्राचीन वैभव के उच्च सिंहासन पर विराजमान करना है। इस पुस्तक की रचना करके माननीय दत्तोपंत ठेंगड़ी ने कला-प्रेमियों और पारखियों के लिए एक मननीय संदेश तथा 'संस्कार भारती' को अपना आशीर्वाद दिया है। यह एक अद्भुत सृजन है। इसमें कला-जगत् के उदात्त परिदृश्य का एक दृष्टा द्वारा किया गया निरूपण है। इसने अपने आवरण में विश्व की विभिन्न धर्म-संप्रदाय, परंपराओं तथा विभिन्न प्रदेशों एवं कालखंडों में विद्यमान पूर्व तथा पश्चिम की संकल्पनाओं को समेटा है। यह विनिबंध

एक महान् कृति है। इसका अध्ययन करके इसके संदेश को आत्मसात् किया जाना चाहिए और अगाध ज्ञान एवं अंतर्दृष्टि की अनमोल निधि के रूप में चिरकाल तक सँजोया जाना चाहिए।

आमुख

कलाओं की सर्जनात्मकता, सामाजिकता तथा शिक्षाप्रदता का संवर्धन और मनुष्य में सत्य, शिव तथा सुंदर का साक्षात्कार कराते हुए परमानंद की अनुभूति जाग्रत् करने के उद्‌देश्य से 'संस्कार भारती' की स्थापना हुई है। यह संस्था कला, करुणा तथा मानवीयता के संगम के रूप में संकल्पित सामाजिक जीवन की निर्मिति के लिए सतत जागरूक है।

स्वर्गीय श्री दत्तोपंत ठेंगड़ी की रचना 'हिंदू कला-दृष्टि : संस्कार भारती क्यों?' कला-प्रेमियों और कला-समीक्षकों के लिए गंभीर संदेश देती है और 'संस्कार भारती' इस कृति को अपने लिए ठेंगड़ीजी के द्वारा दिया गया आशीर्वाद भी मानती है।

'अबोधगम्य', 'दृष्टिकोण' तथा 'दिशा'—इन तीन भागों में रची गई यह कृति एक अत्यंत व्यापक वैश्विक परिदृश्य में हिंदू कला-दृष्टि का विवेचन करती है। इस क्रम में इस ग्रंथ का आरंभ भारत अथवा 'हिंदुस्थान' की कलाओं के समुचित आकलन तथा उसे हृदयंगम करने के प्रति अभी हाल तक पश्चिम द्वारा की गई उपेक्षा ही नहीं, अपितु उसके द्वारा की गई भ्रांत-समीक्षा की ओर संकेत के साथ हुआ है।

कला-दृष्टि के विकास की प्रक्रिया का विवेचन करते हुए ठेंगड़ीजी ने 'दृष्टिकोण' शीर्षक से दूसरे भाग में भौगोलिक स्थितियाँ संस्कृति को किस प्रकार प्रभावित करती हैं, इसका सूक्ष्म विश्लेषण किया है और

विश्व की तीन प्रमुख विचार-प्रणालियों पर एक विहंगम दृष्टि डाली है, जिनमें यहूदी, इसलामी और मसीही—तीनों ही विचार-प्रणालियाँ केंद्र में हैं। इसी संदर्भ में 'कम्युनिज्म' से प्रेरित कलानीति पर भी उन्होंने दृष्टि डाली है। उन्होंने लेनिन की उदारता की चर्चा और गोर्बाचेव से पूर्ववर्ती लेनिन के स्टालिन, जैसे उत्तराधिकारियों की भ्रांत-दृष्टि की आलोचना भी की है। एक श्रमिक नेता और चिंतक के लिए यह करना सर्वथा स्वाभाविक है।

ठेंगड़ीजी ने अत्यंत निष्पक्ष और उदार दृष्टि के साथ यूरोप के इतिहास में जिस प्रकार कला-दृष्टि का विकास हुआ और यूरोप के पुनर्जागरण के काल में चिंतन और सर्जन की दिशाओं में नया उन्मेष हुआ—इस पक्ष पर भी अपने अत्यंत गंभीर विचार इस कृति में व्यक्त किए हैं।

यूरोपीय पुनर्जागरण का समुचित आलोचन करते हुए उन्होंने हिंदू पुनर्जागरण की प्रकृति पर विचार किया है। संस्कृति मानवीय गतिविधि के प्रत्येक क्षेत्र पर अपना विशिष्ट प्रभाव किस तरह डालती है, इसका आकलन किया है और अपना निष्कर्ष दिया है कि संस्कृति विशिष्ट सामाजिक आत्मचेतना है। 'सांस्कृतिक मतभेद' इस रीति से उपजते हैं, जिससे सामाजिक अनुभव का विश्लेषण और विवेचन करके उसे संकल्पनाओं, प्रतीकों, मूल्यों, दृष्टिकोणों तथा मनोवृत्तियों के रूप में ढाला जा सके। इस बात को उन्होंने पश्चिमी संगीत में स्वर-संगीत या सहस्वरिकता (Harmony) के उदाहरण से समझाया है। वे यह बतलाना भी नहीं भूले हैं कि भारत में भी वैदिक ऋचाओं के समवेतगान में इसकी उपस्थिति देखी जा सकती है, किंतु यह स्पष्ट किया है कि भारतीय संगीत पाश्चात्य संगीत से इस दृष्टि से भिन्न है कि उसमें सहस्वरिकता के लिए कोई स्थान नहीं है, जबकि सहस्वरिकता पाश्चात्य संगीत का अनिवार्य अंग है। उन्होंने स्पष्ट किया है कि भारतीय संगीत का

प्रयोजन है—आत्मा को निर्मल किया जाए, देह पर अनुशासन का अंकुश लगाया जाए और अपने अंतस में स्थित अनंत के प्रति संवेदनशीलता उत्पन्न की जाए, अपनी श्वास की डोर को अंतरिक्ष की श्वास की डोर से और अपने स्पंदनों को ब्रह्मांड के स्पंदनों से जोड़ा जाए। उनका निष्कर्ष है कि इन सब कारणों से भारतीय संगीतज्ञ अपेक्षाकृत एकल गायक, वादक होता है, न कि दूसरे के साथ मिलकर संगत करनेवाला वादक, जैसा कि पाश्चात्य संगीत के बड़े-बड़े वाद्यवृंदों में छोटे-छोटे समूह करते हैं। मुख्यतः एकल वादक होने के नाते इस कला-मर्मज्ञ की एक विशेषता होती है—आशु, संगीत-प्रदर्शन का अपूर्व कौशल। ठेंगड़ीजी के अनुसार इसके विपरीत यूरोपवासी की इच्छा रही है कि व्यक्तियों को समुदायों में परिणत करना। इस प्रक्रिया में वह अपनी स्वाधीनता का बलिदान करने को तत्पर रहता है। पाश्चात्य संगीत में वाद्यवृंद की इस उपस्थिति के आलोक में उन्होंने पश्चिमी मानववाद की समीक्षा की है और पश्चिमी मानववाद तथा भारतीय मानववाद के भिन्न स्वभाव को रेखांकित किया है।

इस पृष्ठभूमि में उन्होंने श्रीअरविंद, फ्रिटजॉफ काप्रा जैसे चिंतकों के उद्धरण दिए हैं। हिंदू सौंदर्य-बोध की मीमांसा करते हुए उन्होंने भारतीय संस्कृति को 'निगमनात्मक संस्कृति' कहा है और ग्रीक मानस पर छाई हुई सौंदर्य की संकल्पना से हिंदू संकल्पना से तात्त्विक अंतर को सफलता से उजागर किया है। ठेंगड़ीजी एक ओर भारतीय संस्कृति में व्याप्त आध्यात्मिकता की अपरिहार्यता पर बल देते हैं तो दूसरी ओर इस हिंदू मान्यता को स्पष्ट करते हैं—"कला मानव मन की उपज है और मानव मन समाज व्यवस्था की। मानव मन और समाज व्यवस्था की एक-दूसरे पर क्रिया और प्रतिक्रिया होती रहती है, यद्यपि अंतिम विश्लेषण के अनुसार मानव मन अधिक निर्णायक तत्त्व है, फिर भी मानव मन पर समाज व्यवस्था का प्रभाव भी एक निर्विवाद तथ्य है।"

ठेंगड़ीजी इसी क्रम में सर्जन-प्रक्रिया का विश्लेषण करते हैं और उसमें वस्तु के प्रति सच्चे और संकोचरहित प्रेम की उपस्थिति को अनिवार्य मानते हैं। औद्योगिकता से उपजी 'सभ्यता' में प्रेम के इस तत्त्व के विलोप का उन्होंने अनुभव किया है तथा एरिक फ्रॉम को संदर्भित करते हुए वह कहते हैं कि स्वाभाविक रूप से सभी मानवतावादियों की भाँति एरिक फ्रॉम ने भी औद्योगिक सभ्यता से उपजी आत्मविमुखता, अमानवीकरण और पदार्थीकरण का विरोध किया है। ठेंगड़ीजी का यह निष्कर्ष ध्यान देने योग्य है—"औद्योगिक सभ्यता इन सब पापों के लिए उत्तरदायी है।"

कला की प्रकृति पर विचार करते हुए ठेंगड़ीजी श्रीअरविंद को संदर्भित करते हैं और ग्रीक तथा भारतीय मूर्तिकला की तुलना तथा सटीक समीक्षा करते हैं।

'दिशा' शीर्षक से लिखे गए तीसरे भाग में वह परंपरागत हिंदू चिंतन-पद्धति की मूल एकात्मकतावादी प्रकृति का स्मरण दिलाते हैं और लक्षित करते हैं कि पश्चिम में विशेषत: दूसरे विश्वयुद्ध के बाद एकात्मकता के प्रति अभिरुचि और सराहना का भाव विकसित होने लगा है, किंतु इस विरोधाभास की ओर हमारा ध्यान आकर्षित करते हैं। आज भारत में ही एक वर्ग इस एकात्मता या अद्वैत की मूलचेतना से विमुख हो रहा है। इस प्रसंग में वह प्रसिद्ध इतिहासकार ऑर्नोल्ड टॉइनबी को स्मरण करते हैं, जिन्होंने यह कहा है—"हिंदुओं ने प्रौद्योगिकी तथा विज्ञान, भाषा और साहित्य, प्रशासन तथा विधि (कानून) के स्तरों पर अपने लिए एक अतिपरायी पश्चिमी संस्कृति को अंगीकार कर लिया है, फिर भी हिंदू मानस में अत्यधिक तनाव अवश्य होगा और देर-सवेर उस तनाव को दूर करने के लिए उसे स्वयं कोई मार्ग खोजना ही होगा।"

समग्रतामूलक भारतीय कला चेतना की एक गहरी अंतर्दृष्टि के साथ स्वर्गीय श्री दत्तोपंत ठेंगड़ी भरतमुनि के नाट्यशास्त्र का स्मरण

करते हैं तथा अत्यंत समीचीन निष्कर्ष पर पहुँचते हैं कि वह भारतीय नाट्यकला के बारे में परस्पर जुड़े (संश्लिष्ट) विषयों का ग्रंथ है। वह रंगमंच के सभी पक्षों, नृत्य के सभी तत्त्वों और संगीत की मूलधाराओं का स्रोत ग्रंथ है। नाट्य में इन तीनों पक्षों का समावेश है। वस्तुतः 'नाट्य' ही नहीं, समस्त भारतीय कला परस्पराश्रयता, परस्परानुबंधिता, समग्रता और सामरस्य की चेतना से ओत-प्रोत है।

भारतीय संगीत कला के शास्त्रीय और लोक—उभय पक्षों पर वह हमारे समय के अनेक चिंतकों, कलाविदों और कलाकारों का विस्मयजनक रूप से व्यापक संदर्भ देते हैं और हिंदू कला के वर्तमान परिदृश्य में कलाकारों, कलाप्रेमियों तथा कला-प्रबंधकों पर पश्चिमीकरण की प्रवृत्ति से पड़ रहे घातक कुप्रभाव का जिक्र करते हैं।

समस्त भारतीय कला-सृष्टि अद्वैत की परमसत्ता की अनुभूति से हुई है। इस तथ्य का अभिकथन करते हुए प्राचीन भारतीय चित्र, प्रतिमा और वास्तुकला के अंतस्तत्त्व की भी मीमांसा करते हैं।

उन्होंने आज के भारतीय कला परिदृश्य पर अपनी पैनी नजर डाली है और आज वाणिज्यिक कला सच्ची कला को किस प्रकार धकिया रही है—इसकी भी याद दिलाई है। उनकी चेतावनी है कि हम तेजी से अति साधारणता के विनाशकारी गड्ढे की ओर बढ़ रहे हैं। यदि तुरंत इस वृत्ति पर अंकुश नहीं लगाया गया तो कला के क्षेत्र में हम रसातल में चले जाएँगे पर यह अंकुश लगाना कितना कठिन है, इसको वह जानते हैं और कहते हैं—

"प्रत्यक्षतः यह असंभव कार्य है। इसे संभव तभी बनाया जा सकता है, जब हिंदुत्व की मूल-भावना की पुनः प्रतिष्ठा की जाए। यही 'संस्कार भारती' का ध्येय है और इसी के लिए उसे प्रारंभ से प्रारंभ करना है।"

इस प्रकार ठेंगड़ीजी व्यापक वैश्विक परिप्रेक्ष्य में 'कला की हिंदू-दृष्टि' की प्रामाणिक व्याख्या करते हैं। इस कला-दृष्टि पर आज जो

ग्रहण लग गया है, उसकी भयावहता के प्रति हमको बहुत साफ-साफ शब्दों में आगाह भी करते हैं और इन क्षणों में हमें क्या करना चाहिए, इसका निर्देश भी देते हैं।

आज 'संस्कार भारती' पर उस प्रामाणिक और शाश्वत भावना को जाग्रत् करने का भारी दायित्व है। आशा है, 'संस्कार भारती' श्री दत्तोपंत ठेंगड़ीजी की अपेक्षा को पूरा करेगी।

13 दिसंबर, 2020
वाराणसी

—कमलेशदत्त त्रिपाठी
पदनाम
कुलाधिपति,
महात्मा गांधी अंतरराष्ट्रीय
हिंदी विश्वविद्यालय, वर्धा

अनुक्रम

भाग एक

अबोधगम्य

अबोधगम्य

उत्तरोत्तर प्रस्फुटन

नेताजी सुभाषचंद्र बोस ने एक बार लिखा था—

"इस नश्वर जगत् में सबकुछ नाशवान है और निश्चय ही वह नष्ट हो जाएगा, किंतु विचार, आदर्श और स्वप्न कभी नष्ट नहीं होते।"

1925 के विजयादशमी के दिन एक ऋषि के मानस में एक दिव्य साक्षात्कार हुआ था और वह था वैभव के शिखर पर प्रारूढ़ अपनी मातृभूमि का विराट् दर्शन।

उनके स्वप्न को उत्तरोत्तर साकार करने की प्रक्रिया में 'संस्कार भारती' की स्थापना एक महत्त्वपूर्ण चरण है, एक अविस्मरणीय महान् उपलब्धि।

संस्कार भारती

'संस्कार भारती' का श्रीगणेश कब हुआ? औपचारिक रूप से 1 जनवरी, 1981 को। किंतु अनौपचारिक रूप से उसकी भावनात्मक नींव 1954 में ही पड़ चुकी थी।

डॉ. के.डी. स्वामीनाथन हमें बताते हैं कि फ्रांस, स्पेन, सहारा, उत्तरी यूरोप, साइबेरिया, दक्षिण अफ्रीका, ऑस्ट्रेलिया तथा उत्तर, मध्य और दक्षिण अमरीका के प्रस्तरयुगीन चित्रों के बारे में तो पश्चिमी जगत् में प्रकाशनों की बाढ़-सी आ गई, पर उसके उपरांत भी भारत के प्रस्तरयुगीन

चित्रों के उल्लेखवाला भारत से बाहर कोई प्रकाशन नहीं हुआ। उनका उल्लेख प्रथम बार तभी हुआ जब 1968 में ब्रिजेट तथा रेमंड अलेहिन ने अपनी कृति 'बर्थ ऑफ इंडियन सिविलाइजेशन' (भारतीय सभ्यता का उदय) में इस संबंध में एक अध्याय जोड़ा। समूचे विश्व में पाए जानेवाले प्रस्तरयुगीन चित्रों के बारे में पश्चिम की सभी सामान्य कृतियाँ भारत की अनदेखी करती हैं और वे समूची विशाल व्याख्या में इस पर आधे अशुद्ध वाक्य से अधिक कुछ नहीं लिखतीं।

मध्य भारत के बलुआ पत्थर में 8000 वर्षों के कालखंड की कहानी कहनेवाले शैल-चित्रों का विशाल भंडार है। संख्या, विषय तथा शैली की विविधता तथा वैज्ञानिक महत्त्व की दृष्टि से प्रस्तरयुगीन कला के भंडार के रूप में भूतल का कोई भी अन्य क्षेत्र दक्षिण भारत से आगे नहीं हो सकता।

मध्य भारत के बलुआ पत्थर में 8000 वर्षों के कालखंड की कहानी कहनेवाले शैल-चित्रों का विशाल भंडार है। संख्या, विषय तथा शैली की विविधता तथा वैज्ञानिक महत्त्व की दृष्टि से प्रस्तरयुगीन कला के भंडार के रूप में भूतल का कोई भी अन्य क्षेत्र दक्षिण भारत से आगे नहीं हो सकता।

भले ही 1861 में भारतीय पुरातत्त्व सर्वेक्षण विभाग की स्थापना हो चुकी थी और पुरातत्त्वीय संदर्भ में शैल-चित्र का प्रथम उल्लेख 1880 में मिलता है, फिर भी 1958 से पूर्व शैल-चित्रों को विस्तृत परिप्रेक्ष्य में प्रस्तुत करने का कोई गंभीर प्रयास नहीं किया गया, किंतु तब यह कार्य बड़ी पिछड़ी अवस्था में था।

1954 में विक्रम विश्वविद्यालय, उज्जैन के श्री विष्णु वाकणकर ने प्रागैतिहासिक भारतीय चित्रों के अभिलेख की जानकारी विश्व को देने के लिए एकल व्यक्ति अभियान छेड़ा। तब से उन्होंने एक त्रिभुजाकर क्षेत्र में

स्थित सैकड़ों चित्रित आश्रय स्थलों को खोज निकाला और उनका वर्णन किया है। इस क्षेत्र की आधार रेखा उत्तर में वाराणसी से उदयपुर तक फैली हुई है और उसका शिखर बिंदु दक्षिण में मैसूर में है।

गत वर्षों में उन्हें अपने कार्य के लिए राष्ट्रीय तथा अंतरराष्ट्रीय स्तर पर महती मान्यता प्राप्त हुई।

'संस्कार भारती' की भावना वाकणकरजी के एकल व्यक्ति अभियान के प्रथम दिन ही सजीव तथा सक्रिय हो गई थी।

लखनऊ में संगठन के औपचारिक उद्घाटन के साथ वह साकार भी हो गई है।

ऐसे सभी देशभक्त प्रणेताओं के स्वप्न साकार होते हैं क्योंकि उनके सिर पर भारत की राष्ट्र-शक्ति का वरद हस्त होता है।

'संस्कार'

'संस्कार' शब्द का प्रयोग तो बहुत होता है, किंतु कोई विरला ही उसके अर्थ को समझ पाता है। साधारण व्यक्ति 'संस्कार' को शिक्षा का पर्याय समझता है। वैसे तो शिक्षा अपने आप में एक अति उदात्त कर्म है, परंतु गुणात्मक दृष्टि से वह संस्कार से भिन्न है। जहाँ शिक्षा का संबंध बुद्धि से है, वहाँ संस्कार का संबंध मन, हृदय, आत्मा से है। हो सकता है कि एक उच्च शिक्षा प्राप्त व्यक्ति 'संस्कार विहीन' हो और एक उच्च 'सुसंस्कृत' व्यक्ति अनपढ़ हो। 'संस्कार' अनेक तत्त्वों का सामूहिक प्रतिफल होता है। ये तत्त्व आंतरिक भी होते हैं और

जहाँ शिक्षा का संबंध बुद्धि से है, वहाँ संस्कार का संबंध मन, हृदय, आत्मा से है। हो सकता है कि एक उच्च शिक्षा प्राप्त व्यक्ति 'संस्कार विहीन' हो और एक उच्च 'सुसंस्कृत' व्यक्ति अनपढ़ हो। 'संस्कार' अनेक तत्त्वों का सामूहिक प्रतिफल होता है। ये तत्त्व आंतरिक भी होते हैं और बाह्य भी, व्यक्तिपरक भी होते हैं और वस्तुपरक भी।

बाह्य भी, व्यक्तिपरक भी होते हैं और वस्तुपरक भी। ऐसे तत्त्वों में कला का स्थान सर्वोपरि है। 'संस्कार भारती' कला अर्थात् हिंदू कला के माध्यम से 'संस्कार' रोपण के ध्येय को पूरा करना चाहती है।

हिंदू कला तथा हिंदू मानस

हमारा देश चार दशक से भी पहले स्वाधीन हो गया, किंतु यहाँ का आधुनिक शिक्षित मानस अब भी पहले की भाँति ही दास भाव से जकड़ा हुआ है। अंग्रेजी रंग में रँगा हिंदू अब भी यही प्रयास करेगा कि भारत की हर स्थिति को यूरोपीय गज से नापे, भारत की हर समस्या को यूरोपीय दृष्टिकोण से परखे और भारत की हर वस्तु को यूरोपीय चश्मे से देखे। 'हिंदू' से जुड़ी कोई भी वस्तु तभी महान् समझी जा सकती है जब उसे महानता के बारे में किसी पश्चिमी विशेषज्ञ का प्रमाण-पत्र मिले। विवेकानंद अपने शिकागो अभिभाषण के बाद ही महान् बने। रवींद्र-संगीत संगीत की वैज्ञानिक कोटि में तभी आया जब गुरुदेव को नोबेल पुरस्कार से सम्मानित किया गया। हिंदू साहित्य की कोई भी कृति तब तक सुंदर नहीं हो सकती जब तक यूरोपीय देशों में कोई शोपेनहावर उसका गुणगान न करे। अंग्रेजी साँचे-ढाँचे में ढले हिंदू की दृष्टि में 'सुंदर वस्तु' स्वतः ही 'शाश्वत आनंद का निर्झर' नहीं बन जाती।

हमारा देश चार दशक से भी पहले स्वाधीन हो गया, किंतु यहाँ का आधुनिक शिक्षित मानस अब भी पहले की भाँति ही दास भाव से जकड़ा हुआ है। अंग्रेजी रंग में रँगा हिंदू अब भी यही प्रयास करेगा कि भारत की हर स्थिति को यूरोपीय गज से नापे, भारत की हर समस्या को यूरोपीय दृष्टिकोण से परखे और भारत की हर वस्तु को यूरोपीय चश्मे से देखे।

ठेठ फैशनपरस्त हिंदू की तुलना में पश्चिम का सच्चा गुणग्राही

कलामर्मज्ञ हिंदू कला की अधिक सहज भाव तथा बेहतर ढंग से सराहना तथा आराधना कर सकता है। आधुनिकता से ओत-प्रोत हिंदू हृदय को छूने के लिए तो हिंदू कला को किसी पश्चिमी प्रमाण-पत्र की अपेक्षा रहती ही है।

यह सच है कि हिंदुस्थान के हृदय को हृदयंगम करने के लिए अभी हाल तक यूरोपवासियों की ओर से कोई गंभीर प्रयास नहीं किया गया है।

'दि स्टोरी ऑफ सिविलाइजेशन' (सभ्यता की कहानी) खंड 1 : 'अवर ओरिएंटल हेरीटेज' (हमारी पौर्वात्य परंपरा) में विल डूरैंट ने कहा है—

"आधुनिक विद्यार्थी के लिए इससे अधिक घोर लज्जा की बात नहीं हो सकती कि भारत के बारे में उसे अति अभिनव तथा अपर्याप्त जानकारी है। यह लगभग 20 लाख वर्ग मील में फैला एक विशाल प्रायद्वीप है। आकार में वह अमरीका से दो-तिहाई तथा अपने स्वामी ग्रेट ब्रिटेन से बीस गुना बड़ा है। वहाँ बत्तीस करोड़ (32,00,00,000) व्यक्ति निवास करते हैं। यह जनसंख्या उत्तर तथा दक्षिण अमरीका की कुल जनसंख्या से भी अधिक है। अथवा यों कहिए कि धरती की जनसंख्या का वह पाँचवाँ भाग है। वहाँ मोहनजोदड़ो की 2900 ई.पू. अथवा उससे भी पूर्व से लेकर गांधी, रमण तथा टैगोर तक की विकास एवं सभ्यता की भव्य परंपरा है। वहाँ आदिम मूर्तिपूजा से लेकर अति सूक्ष्म तथा आध्यात्मिक सर्वेश्वरवाद की पराकाष्ठा तक

आधुनिक विद्यार्थी के लिए इससे अधिक घोर लज्जा की बात नहीं हो सकती कि भारत के बारे में उसे अति अभिनव तथा अपर्याप्त जानकारी है। यह लगभग 20 लाख वर्ग मील में फैला एक विशाल प्रायद्वीप है। आकार में वह अमरीका से दो-तिहाई तथा अपने स्वामी ग्रेट ब्रिटेन से बीस गुना बड़ा है।

पहुँचनेवाले मत हैं। वहाँ अर्वाचीन और प्राचीन का अद्‍भुत संगम है। वहाँ ईसा से आठ शती पूर्व उपनिषदों के काल से लेकर ईसा से आठ शती पश्चात् शंकर तक ऐसे दार्शनिक हुए हैं, जिन्होंने अकेले अद्वैतवाद के विषय में हजार रूपांतर प्रस्तुत किए हैं। वहाँ ऐसे वैज्ञानिक हुए हैं, जिन्होंने तीन हजार वर्ष पूर्व खगोल विज्ञान का विकास किया और हमारे अपने काल में नोबेल पुरस्कार प्राप्त किए। वहाँ ग्रामों में अज्ञात पुरातनतावाला लोकतंत्रात्मक संघटन है। वहाँ राजधानियों में अशोक तथा अकबर जैसे बुद्धिमान तथा परोपकारी शासक हुए हैं। वहाँ लगभग होमर जितने पुरातन महाकाव्यों का गान करनेवाले चारण हुए हैं और आज की अंतरराष्ट्रीय गोष्ठियों में श्रोताओं को मंत्रमुग्ध करनेवाले कवि हुए हैं। वहाँ ऐसे कलाकार हुए हैं, जिन्होंने तिब्बत से श्रीलंका तक और कंबोडिया से जावा तक हिंदू देवी-देवताओं के लिए विशाल मंदिरों का निर्माण किया है और मुगल बादशाहों तथा बेगमों के लिए बीसियों सर्वांगपूर्ण महल तराशकर खड़े किए हैं। यह है वह भारत जिसे अब स्थिरमना विद्वान् एक नए बौद्धिक महाद्वीप के रूप में प्रस्तुत कर रहे हैं, उस पश्चिमी मानस को जो कल तक सभ्यता को केवल यूरोप की वस्तु समझता था।"

सुदूर अतीत में निश्चय ही यूरोपवासियों के सामने हिंदू कला के बारे में अति अस्पष्ट तथा धुँधली छवि रही होगी। 18वीं शती के अंतिम 25 वर्षों में फ्रांसिस फोक्स तथा सर विलियम जोंस ने हिंदुओं की वीणा तथा उनके संगीत के 'रागों' का परिचय पश्चिम को कराया।

हिंदू कला और पश्चिमवासी

सुदूर अतीत में निश्चय ही यूरोपवासियों के सामने हिंदू कला के बारे में अति अस्पष्ट तथा धुँधली छवि रही होगी। 18वीं शती के अंतिम 25 वर्षों में फ्रांसिस फोक्स तथा सर विलियम जोंस ने हिंदुओं की वीणा तथा उनके

संगीत के 'रागों' का परिचय पश्चिम को कराया। हिंदू जीवन के सौंदर्य-पक्ष के प्रति यूरोपीय कला-प्रेमियों की आतुरता तथा अभिरुचि का प्रवाह अबाध गति से चलता रहा। इसके फलस्वरूप जहाँ एक ओर कलाओं के सच्चे प्रेमियों ने हिंदू कला की उत्तरोत्तर और अधिक सराहना की, वहीं दूसरी ओर कला के क्षेत्र में साम्राज्यवादियों तथा उनके पिट्ठुओं में ईर्ष्या और आशंका की आग भड़की। इसी कारण हमें अति उच्च गुणगान के साथ-साथ जघन्य विद्वेषपूर्ण निंदा भी देखने को मिलती है।

विदेशी कलाप्रेमी

हिंदू कला के संपर्क में आने के बाद पश्चिम के अनेक कलाप्रेमी उसके दीवाने हो गए। उन्हें कला से सच्चा प्रेम था। उनके मानस राजनीतिक तथा आर्थिक साम्राज्यवाद के कला से असंगत प्रभावों से कलुषित नहीं थे। प्रस्तुत हैं कतिपय उद्गार—

आबू पर्वत पर स्थित विमला तथा तेज : पाल के जैन मंदिरों के बारे में फर्ग्युसन ने कहा है, "उनमें विवरण के सूक्ष्म निरूपण तथा समुचित अलंकरण का चमत्कार है जिससे बढ़कर या उसकी बराबरी का भी कोई अन्य उदाहरण शायद अन्यत्र कहीं नहीं है। ऑक्सफोर्ड अथवा वेस्ट मिंस्टर में हेनरी सप्तम के चैपेल (प्रार्थनागृह) में गोथिक वास्तुशिल्पियों द्वारा प्रस्तुत नमूने उनकी तुलना में अनगढ़ भी हैं और भद्दे भी।"

उनमें विवरण के सूक्ष्म निरूपण तथा समुचित अलंकरण का चमत्कार है जिससे बढ़कर या उसकी बराबरी का भी कोई अन्य उदाहरण शायद अन्यत्र कहीं नहीं है। ऑक्सफोर्ड अथवा वेस्ट मिंस्टर में हेनरी सप्तम के चैपेल (प्रार्थनागृह) में गोथिक वास्तुशिल्पियों द्वारा प्रस्तुत नमूने उनकी तुलना में अनगढ़ भी हैं और भद्दे भी।

एडमंड गिलेस : "जब हम 'कथकली' के इस प्रदर्शन को देखकर लौटे तो हमें वास्तव में ऐसा लगा कि पश्चिमी जगत् के जिस रंगमंच ने हमें अत्यधिक प्रभावित किया था, उसकी अब कोई सार्थकता ही नहीं रही और पूर्वी रंगमंच से हमें अभी जितना अधिक सीखना है, उसकी कोई सीमा नहीं है।"

एडमंड गिलेस : "जब हम 'कथकली' के इस प्रदर्शन को देखकर लौटे तो हमें वास्तव में ऐसा लगा कि पश्चिमी जगत् के जिस रंगमंच ने हमें अत्यधिक प्रभावित किया था, उसकी अब कोई सार्थकता ही नहीं रही और पूर्वी रंगमंच से हमें अभी जितना अधिक सीखना है, उसकी कोई सीमा नहीं है।"

प्रस्तुत हैं 'शाकुंतलम्' पर गेटे के विचार, जिन्होंने लगता है कि अपने 'फौस्ट' के लिए आमुख का भाव कालिदास से लिया है—

"अरी यौवन के उफान की मादक मंजरियों, अरी यौवन के ढलान की विषाद भरी वेदनाओं, और आत्मा को आनंदित, आह्लादित, मोहित-सम्मोहित, तृप्त-परितृप्त करनेवाले समस्त भावों, अरे भूलोक तथा स्वर्गलोक, सुनो-सुनो और गुनो, क्या तुम सबको किसी एक नाम से समेटा और लपेटा जा सकेगा? हे शकुंतला, मैं तो बस तेरा, केवल तेरा ही नाम लूँगा और मौन हो जाऊँगा और यह पर्याप्त होगा।"

किंतु यह कलाप्रेम अपवादस्वरूप है।

विदेशी आलोचक

अभी हाल तक पश्चिम में हिंदू कला का कोई समुचित समाकलन नहीं किया गया। उसके बारे में अनेकानेक मिथ्या धारणाएँ बनाई और फैलाई गईं। उसे कलंकित किया गया। उग्र आलोचकों ने प्रायः जान-बूझकर उस पर निराधार निंदाओं की बौछार की। यथा, अजंता शैली 'समसामयिक

रोमन साम्राज्य की सर्वदेशीय कला की एक स्थानीय शाखा' थी और गुफा 1 के चित्रों में 'पारसी दूतों द्वारा अपने प्रमाण-पत्र प्रस्तुत किए जाने के समारोह का सजीव चित्रण' है और यह अजंता शैली की अमौलिक प्रवृत्ति का विशिष्ट प्रमाण है। 'आपके हिंदू चित्रण के इतिहास में लंबे-लंबे अंतराल हैं। उसने माइकल एंजेलो, टिटियन अथवा टिंटोरेट्टो जैसा कोई कलाकार उत्पन्न नहीं किया। वह अमूर्तता अथवा अति यथार्थवाद की प्रधानतावाले आधुनिक चित्रण से भी घटिया है। उस पर 'ओ पी आर्ट' और 'काइनेटिक आर्ट' (गत्यात्मक कला) का प्रभाव है और वह 'भविष्यवाद' की आधुनिक विधा को विकसित करने का प्रयास रहा है। कलात्मक हिंदू मंदिरों की तुलना प्रसिद्ध यूनानी सर्वदेव मंदिर अथवा इतालवी गिरजे, धर्मपीठ या कैम्पेलायन हबल अथवा मध्ययुगीन फ्रांस के गॉथिक धर्मपीठों (कैथेड्रलो) से नहीं की जा सकती। हिंदू कलाकार विवेकसंगत सौंदर्य की यूनानी संकल्पना से अनभिज्ञ थे। भारतीय वास्तुकला में सहबद्धता, सुस्पष्टता अथवा शास्त्रीय श्रेष्ठता का नितांत अभाव है। सबकुछ भारी-भरकम एवं अति अलंकृत है और उसमें लघुत्व (हलकेपन) एवं सुशांत गरिमा का अभाव है। सबकुछ राक्षसों, राक्षसियों की भारी धमा-चौकड़ी एवं विराट् बर्बरता है। शिव का नृत्य मृत्यु अथवा विनाश का नृत्य है। वह आदिमजातीय वेगवान ऊर्जा का

कलात्मक हिंदू मंदिरों की तुलना प्रसिद्ध यूनानी सर्वदेव मंदिर अथवा इतालवी गिरजे, धर्मपीठ या कैम्पेलायन हबल अथवा मध्ययुगीन फ्रांस के गॉथिक धर्मपीठों (कैथेड्रलो) से नहीं की जा सकती। हिंदू कलाकार विवेकसंगत सौंदर्य की यूनानी संकल्पना से अनभिज्ञ थे। भारतीय वास्तुकला में सहबद्धता, सुस्पष्टता अथवा शास्त्रीय श्रेष्ठता का नितांत अभाव है।

अनियंत्रित विस्फोट है। भारतीय रंगमंच सृजनात्मकता तथा कल्पनाशीलता को कोई अवसर प्रदान नहीं करता। हिंदू मूर्तिकला यूरोपीय अथवा यूनानी मूर्तिकला से घटिया है। वह भद्दी, भ्रामक, अतिशयोक्तिपूर्ण, अनगढ़, विचित्र, बेतुकी है। वह एक ऐसी विकृत कल्पना की उपज है जो अप्रिय यथार्थ के दुःस्वप्न-लोक में भटक रही है। उसमें सहजता का अभाव है।'

उन लोगों के अनुदार कटाक्षों के बारे में हम क्यों चिंता करें, जो नख से शिख तक विद्वेषी तथा पूर्वग्रही हैं और हिंदू से जुड़ी हर वस्तु का अवमूल्यन करने पर तुले हुए हैं? आइए, उन पश्चिमवासियों की चर्चा करें, जो हमसे सहानुभूति रखते हैं। वे यह अनुभव करते हैं कि कला के परंपरागत भारतीय सिद्धांतों तथा परंपरागत पश्चिमी सिद्धांतों में अंतर है''

सहानुभूति रखनेवाले मानस

उन लोगों के अनुदार कटाक्षों के बारे में हम क्यों चिंता करें, जो नख से शिख तक विद्वेषी तथा पूर्वग्रही हैं और हिंदू से जुड़ी हर वस्तु का अवमूल्यन करने पर तुले हुए हैं? आइए, उन पश्चिमवासियों की चर्चा करें, जो हमसे सहानुभूति रखते हैं। वे यह अनुभव करते हैं कि कला के परंपरागत भारतीय सिद्धांतों तथा परंपरागत पश्चिमी सिद्धांतों में अंतर है और किसी कलाकृति का मूल्यांकन करने के लिए आवश्यक है कि एक अच्छा आलोचक कलाकार के पर्यावरण, इतिहास से उसके संपर्क तथा दृश्य साधनों एवं उसके निजी चरित्र द्वारा उत्पन्न उसके मानसिक परिवर्तन के बारे में शोध करे।

इसका कारण यह है कि आलोचक प्रायः हिंदू मानस की विशिष्ट प्रकृति से अनभिज्ञ होते हैं।

एकात्म दर्शन

हिंदू अपने एकात्मपरक चिंतन तथा विभिन्न विषयों की परस्पर आबद्धता के दृष्टिकोण के लिए विश्वविख्यात रहे हैं। वे इस बारे में जागरूक हैं कि कला को अलग-थलग करके उस पर मनन नहीं किया जा सकता। कला सामान्य जीवन तथा संस्कृति का अभिन्न अंग है। विज्ञान तथा कला को भी पूर्णतया अलग-अलग खानों में नहीं रखा जा सकता। एक अवस्था में विज्ञान का विकास वैसे ही कला का रूप धारण कर लेता है जैसे कि एक अवस्था में कला का विकास विज्ञान का रूप धारण कर लेता है। भौतिकता तथा आध्यात्मिकता को भी पूर्णतया अलग-अलग खानों में नहीं रखा जा सकता। आइंस्टीन का विचार है कि धर्म के बिना विज्ञान लूला है और विज्ञान के बिना धर्म अंधा है। अपने विकास की चरम स्थिति में विज्ञान आध्यात्मिकता से एकाकार हो जाता है। जैसा कि डॉ. फ्रिट्जॉफ काप्रा कहते हैं, "ब्रह्मांड का मूलभूत एकत्व न केवल रहस्यवादी अनुभूति का सार तत्त्व है, बल्कि वह आधुनिक भौतिकी का भी एक सर्वाधिक महत्त्वपूर्ण तथ्यान्वेषण है।" ताल्सताय का निष्कर्ष है, "सर्वोच्च विवेक का केवल एक ही विज्ञान है और वह है 'संपूर्ण' का विज्ञान, जो न केवल समूची सृष्टि की व्याख्या करे बल्कि बताए कि उसमें मानव का क्या स्थान है।" सनातन धर्म, जिसकी नवीनतम अभिव्यक्ति दीनदयालजी का एकात्म मानव दर्शन है, इस तथ्य को अनुभव करता है और वह उसका

हिंदू अपने एकात्मपरक चिंतन तथा विभिन्न विषयों की परस्पर आबद्धता के दृष्टिकोण के लिए विश्वविख्यात रहे हैं। वे इस बारे में जागरूक हैं कि कला को अलग-थलग करके उस पर मनन नहीं किया जा सकता। कला सामान्य जीवन तथा संस्कृति का अभिन्न अंग है।

एक मूलमंत्र है—कला को भी अखंड का अभिन्न अंग समझा जाना चाहिए।

ललित कलाओं के संवर्धन को समर्पित अखिल भारतीय संगठन 'संस्कार भारती' के लक्ष्यों तथा उद्देश्यों का मनन, अध्ययन तथा मूल्यांकन इस पृष्ठभूमि में किया जाना चाहिए।

"कला अद्वितीय है। वह हमें प्रेरणा देती है और उदात्त बनाती है। अपने प्रयास में कलाकार परमानंद का अनुभव करता है और दर्शक वस्तुतः मंत्रमुग्ध हो जाता है। वह पीड़ित की पीड़ा को हर लेती है और हताश तथा निराश व्यक्ति में उत्साह का संचार करती है। वह मानव-मन में प्रतिष्ठित करुणा को प्रस्फुटित करती है।

कला अद्वितीय है। वह हमें प्रेरणा देती है और उदात्त बनाती है। अपने प्रयास में कलाकार परमानंद का अनुभव करता है और दर्शक वस्तुतः मंत्रमुग्ध हो जाता है। वह पीड़ित की पीड़ा को हर लेती है और हताश तथा निराश व्यक्ति में उत्साह का संचार करती है। वह मानव-मन में प्रतिष्ठित करुणा को प्रस्फुटित करती है।

"करुणा तथा संवेदनशीलता मानव को प्रगति की ओर ले जाती हैं और मानवता के लिए दैवी अमृत सिद्ध होती हैं। वस्तुतः परिवार, समाज तथा मानवता केवल करुणा नामक इस एक गुण की ही अभिव्यक्तियाँ हैं। इसके अभाव में न तो मानव की मानवता बचेगी और न बचेगा समाज का अस्तित्व। कला, करुणा तथा मानवता मिलकर हमारे सामाजिक जीवन के पावन त्रिवेणी संगम का निर्माण करती हैं।

"करुणा तथा संवेदनशीलता के सहारे मानव संस्कार ग्रहण करता है। संस्कार ही संस्कृति के लक्ष्य तक पहुँचने के लिए प्रकृति के पथ का द्वार है। मानव का इतिहास इसका साक्षी है।"

“संस्कार भारती’ की यह मान्यता उचित ही है कि मोक्ष की शाश्वत खोज में जुटी मानवता के लिए ललित कलाएँ दैवी वरदान हैं। ललित कलाएँ मानव को इस योग्य बनाती हैं कि वह सरस, सुंदर, उत्थानकारी तथा मनमोहक मनोरंजन के माध्यम से स्वयं को परिमार्जित तथा प्रबुद्ध कर सके। यह ‘संस्कार’ का एक प्रमुख वाहन है।

आदिमकालीन कला की उत्पत्ति आदिमकालीन सौंदर्य-बोध से हुई। समय के साथ-साथ वह उन्नत होती गई, यथा—शरीर की रँगाई, सौंदर्य प्रसाधन, गोदने गोदना, बलिकर्म, बुनाई, वस्त्र-परिधान, आभूषण, मिट्टी के बरतन, सामान्य चित्रण, जादू, लोककथाएँ तथा लोकगीत, नीतिकथाएँ, दंतकथाएँ, प्रतीक कथाएँ, मिथक, आरेखण, लेखन, लिपि, भाषा, विभिन्न प्रकार के आदिम साहित्य, हस्तकला, मूर्तिकला, वास्तुकला, गीत तथा नृत्य, स्वाँग, संगीत तथा नाटक, खेल तथा समारोह।

वैज्ञानिक प्रगति के साथ-साथ प्राचीन कलाओं में नए आयाम जोड़े गए और नई कलाओं का आविर्भाव हुआ। मानव की प्रत्येक गतिविधि के बारे में ऐसा ही हुआ। अपने पेट की ज्वाला को शांत करने के लिए भोजन की खोज में निकला मानव बढ़ते-बढ़ते कहाँ-से-कहाँ पहुँच गया।

वैज्ञानिक प्रगति के साथ-साथ प्राचीन कलाओं में नए आयाम जोड़े गए और नई कलाओं का आविर्भाव हुआ। मानव की प्रत्येक गतिविधि के बारे में ऐसा ही हुआ। अपने पेट की ज्वाला को शांत करने के लिए भोजन की खोज में निकला मानव बढ़ते-बढ़ते कहाँ-से-कहाँ पहुँच गया। उसने शिकार किया, मछलियाँ पकड़ीं, पशु-संवर्धन तथा पशु-पालन किया, खेती की, अग्नि की खोज की और वस्तुओं को भूनते-भूनते वह माइक्रो-वेव चूल्हे पर अति आधुनिक ढंग से भोजन पकाने लगा। वह कंदराओं से गगनचुंबी अट्टालिकाओं तक,

वृक्षों की छाल से पोलिएस्टर तक, आदिमकालीन स्वतंत्र प्रेम से मैर्लिन मुनरो के रोमांस तक पहुँच गया। स्वाभाविक है कि कलाओं के क्षेत्र पर भी विज्ञान का वैसा ही प्रभाव पड़ा।

किंतु इस तथ्य के रहते भी यह सोचना ठीक नहीं होगा कि कला कोई अलग-थलग वस्तु है और वह ऐसे द्वीप जैसी है जिसका शेष संसार से कोई संबंध नहीं। मानव मन में जो पदार्थ, घटनाएँ तथा कारक संस्कार डालते हैं, वे अनगिनत हैं। आंतरिक तथा बाह्य जगत् की प्रत्येक वस्तु पर संस्कार प्रभाव डालते हैं और स्वयं भी उनसे प्रभावित होते हैं। मानव मन पर पड़नेवाले प्रभाव की प्रत्येक लहर तथा प्रकृति नदी का हर करतब संस्कारों के निर्माण में सहायक होता है। स्वामी विवेकानंद कहते हैं, "आंतरिक अनुभूति से प्राप्त सत्य को मनोविज्ञान, तत्त्वमीमांसा तथा धर्म कहते हैं और बाह्य अनुभूति से प्राप्त सत्य को भौतिक विज्ञान। अब एक सर्वांगपूर्ण सत्य की समरसता दोनों जगतों की अनुभूति से होनी चाहिए।" कलाओं के माध्यम से संस्कार डालने के लिए उच्चतर से भी उच्चतर स्तरों पर समरसता की खोज करनी होगी। हमारे संस्कारों की वर्तमान स्थिति अतीत और वर्तमान की ऐसी हर वस्तु के संचयी प्रभाव से उपजी है। संस्कारों तथा कलाओं के सही, बोधगम्य तथा वास्तविक समाकलन के लिए इन सभी तत्त्वों को ध्यान में रखना होगा। ऐसे अभ्यास के बिना जो भी दृष्टिकोण अपनाया जाएगा, वह असंतुलित तथा अधूरा होगा।

आंतरिक अनुभूति से प्राप्त सत्य को मनोविज्ञान, तत्त्वमीमांसा तथा धर्म कहते हैं और बाह्य अनुभूति से प्राप्त सत्य को भौतिक विज्ञान। अब एक सर्वांगपूर्ण सत्य की समरसता दोनों जगतों की अनुभूति से होनी चाहिए।

घटक तत्त्व

यथा : भूवैज्ञानिक तथा भौगोलिक परिस्थितियाँ भू-राजनीतिक तत्त्व : जलवायु, ऋतु, प्राकृतिक संसाधन, प्राकृतिक उथल-पुथल और आपदाएँ, बाढ़, सूखा, झंझा (तूफान), अकाल, भूकंप, ऋतु-चक्र, महाद्वीपीय अपशरण, अतिवृष्टि, हिमाच्छादन, ज्वालामुखी, भूवैज्ञानिक विभीषिकाएँ, महामारियाँ तथा पर्यावरणीय तत्त्व।

उत्पादन तथा विनाश के उपकरण—आदिमकालीन साधनों से आधुनिक प्रौद्योगिकी तक और डंडों तथा पत्थरों से परमाणु-आयुधों तक और व्यक्तिगत, सामाजिक एवं मानवीय मनोविज्ञान तथा उनके पारस्परिक संबंधों पर इन साधनों की प्रकृति तथा स्तरों में समय-समय पर होनेवाले परिवर्तनों का प्रभाव।

उत्पादन तथा विनाश के उपकरण—आदिमकालीन साधनों से आधुनिक प्रौद्योगिकी तक और डंडों तथा पत्थरों से परमाणु-आयुधों तक और व्यक्तिगत, सामाजिक एवं मानवीय मनोविज्ञान तथा उनके पारस्परिक संबंधों पर इन साधनों की प्रकृति तथा स्तरों में समय-समय पर होनेवाले परिवर्तनों का प्रभाव।

उत्पादन, वितरण, विनिमय, खपत तथा वाणिज्यिक आदान-प्रदान के प्रतिरूप।

जीवन, मृत्यु, मृत्यु के बाद के जीवन, आत्मा, ईश्वर, अलौकिक, धर्म, नैतिक सिद्धांतों, तत्त्वमीमांसा, भला-बुरा, उचित-अनुचित, पाप-पुण्य, सामाजिक नियमों, रीति-रिवाजों, शिष्टाचार, वेशभूषा, तीज-त्योहार एवं पर्व संबंधी संकल्पनाएँ तथा सज्जन मनुष्य का आदर्श।

भय, आश्चर्य, स्वप्न, तिरस्कार, प्रशंसा, आदर तथा पूजन के पात्र।

विश्राम, सुख-सुविधा एवं विलास के साधनों, तनावों तथा दबावों, चुनौतियों तथा अवसरों के प्रति दृष्टिकोण।

सामान्य आस्था-प्रणालियाँ, अंधविश्वास, विश्वास, सहज वृत्तियाँ, भावनाएँ, संवेदनाएँ, सहज ज्ञान।

सौंदर्य, लोभ, कामुकता, यौन स्वच्छंदता, विभिन्न प्रकार के विवाह-विधान, विवाह-पूर्व के संबंधों, वेश्यावृत्ति, जार कर्म, कौमार्य, सतीत्व, यौन संबंधों में पाखंड, संयम, तलाक, गर्भपात तथा शिशु-हत्या के प्रति पारंपरिक प्रतिक्रिया।

ऐतिहासिक घटनाओं, ऐतिहासिक व्यक्तित्वों, ऐतिहासिक साहित्य, बदलती हुई अंतरराष्ट्रीय परिस्थितियों तथा बहुधा सांस्कृतिक समागमों का प्रभाव।

सौंदर्य, लोभ, कामुकता, यौन स्वच्छंदता, विभिन्न प्रकार के विवाह-विधान, विवाह-पूर्व के संबंधों, वेश्यावृत्ति, जार कर्म, कौमार्य, सतीत्व, यौन संबंधों में पाखंड, संयम, तलाक, गर्भपात तथा शिशु-हत्या के प्रति पारंपरिक प्रतिक्रिया।

सभ्यता की स्थिति जिसमें सामाजिक संरचना, आर्थिक एवं राजनीतिक संस्थागत साँचा-ढाँचा, नैतिक मूल्य-पद्धति, ज्ञान की मात्रा, सांस्कृतिक स्तर, लोक विचार-पद्धतियाँ तथा देश, काल और ब्रह्मांड संबंधी मान्य संकल्पनाएँ सम्मिलित हैं।

हो सकता है कि पश्चिम के जनसाधारण की समझ में यह बात न आए, लेकिन समेकित चिंतन-मनन से यह पता चल जाएगा कि किस प्रकार ये सभी तत्त्व अलग-अलग मात्रा में प्रकृति से तथा कला के विकास अथवा ह्रास से प्रभावित होते हैं और उन्हें प्रभावित करते हैं।

□

भाग दो

दृष्टिकोण

दृष्टिकोण

भौगोलिक परिस्थितियाँ

'कैरेक्टर एंड क्लाइमेट' (चरित्र और जलवायु) में हंटिंग्टन ने बड़े ही सुंदर ढंग से निरूपण किया है कि किस प्रकार जलवायु तथा भूगोल की परिस्थितियाँ लोगों के चरित्र को प्रभावित करती हैं। यथा, वह कहते हैं कि अपेक्षाकृत बंजर पहाड़ी क्षेत्रों की शुष्क तथा शीतल जलवायु दृढ़ प्रवृत्तियों को पनपाएगी और उपजाऊ मैदानी क्षेत्रों की आर्दोष्ण (गरम और नम) जलवायु लोगों को कम परिश्रमी तथा अधिक विश्रामप्रेमी बनाएगी। गुणात्मक दृष्टि से भू-मध्यसागर की जलवायु का प्रभाव उत्तर की जलवायु के प्रभाव से भिन्न होगा। मोटे तौर पर लोग अंतर्मुखी हैं या बहिर्मुखी, इस तथ्य से जलवायु की परिस्थितियों का कुछ-न-कुछ तो संबंध है ही। हाल ही में एक स्तंभ-लेखक ने बड़े ही मजाकिया ढंग से कहा है कि भले ही पश्चिमी ढंग के प्रणय-निवेदन में कोई प्रेमी अपनी प्रेमिका को रिझाने के लिए शेक्सपियर की इस उक्ति का सहारा ले ले और कहे, "क्या मैं तेरी तुलना ग्रीष्म ऋतु के दिन से करूँ?" पर भारतीय पर्यावरण में ये शब्द प्रेमिका के मन में एक भिन्न धारणा, एक भिन्न मानसिक प्रतिक्रिया उत्पन्न कर सकते हैं। इसका अर्थ होगा कि भावुक प्रेमी इस बात की अनुमति माँग रहा है कि वह अपने सच्चे प्रेम की तुलना असह्य गरमी, अत्यधिक नमी, जलाभाव, पसीने से भीगे

कपड़ों, निर्जलीकरण, क्रुद्ध मुद्रा, पसीनेवाली बगलों, धुँधले चश्मे और सूखे गले से कर सके। यही उक्त वाक्य से मन में कौंधनेवाली केवल कुछ छवियाँ हैं।

क्या यह बोधगम्य नहीं है कि मरुस्थल के जिन क्षेत्रों में कृषि का विकास नहीं हुआ है, वहाँ की घुमंतू जातियों के लोग व्यक्तिवादी नहीं हो सकते। उनका तो अस्तित्व ही इस बात पर निर्भर है कि वे समूह बनाकर रहें, गतिशील हों, अनुशासन में रहें और एक ही नेता के प्रति निष्ठा रखें। एक स्थान पर बसे कृषिजीवी समुदायों के लोग इन वृत्तियों को अपनाने के लिए बाध्य नहीं हैं। उनकी उत्पादन-प्रक्रिया व्यक्तिवाद के अनुकूल और सामाजिक एकजुटता में ह्रास लानेवाली है, जिसकी भरपाई सशक्त सांस्कृतिक गतिविधियों से करनी होगी।

यूरेशिया के विशाल क्षेत्रों पर बहुधा बर्बरतापूर्ण आक्रमण होते रहे हैं। जो क्षेत्र निरंतर युद्धरत समूहों के अखाड़े बने रहते हैं, उनसे यह आशा नहीं की जा सकती कि वहाँ कला तथा संस्कृति और बौद्धिक तथा आध्यात्मिक प्रवृत्तियों का क्रमबद्ध विकास होगा।

यूरेशिया के विशाल क्षेत्रों पर बहुधा बर्बरतापूर्ण आक्रमण होते रहे हैं। जो क्षेत्र निरंतर युद्धरत समूहों के अखाड़े बने रहते हैं, उनसे यह आशा नहीं की जा सकती कि वहाँ कला तथा संस्कृति और बौद्धिक तथा आध्यात्मिक प्रवृत्तियों का क्रमबद्ध विकास होगा।

निश्चय ही इटलीवासियों का सामान्य मनोविज्ञान उन जर्मनीवासियों से भिन्न होगा, जिनका स्वदेश 'खुले मैदान में शिविर' जैसा है।

इनाइल और स्विट्जरलैंड का एक सा मनोविज्ञान नहीं हो सकता। लहरों पर अपना झंडा फहरानेवाली प्रमुख नौशक्ति बनने के ब्रिटेन के उद्यम में उसकी विशिष्ट एकाकी भौगोलिक स्थिति ने महान् योगदान किया।

क्या भूगोल ने रूस की सहायता नहीं की? क्या रूस के विशाल भीतरी प्रदेश तथा 'मार्शल विंटर' (हेमंत ऋतु) ने नेपोलियन को नहीं हराया और हिटलर की सेनाओं का मार्ग अवरुद्ध नहीं कर दिया?

क्या कोई इस बात की कल्पना भी कर सकता है कि यदि सर्वशक्तिमान विधाता ने संयुक्त राज्य अमेरिका को पोलैंड की-सी दुर्भाग्यपूर्ण भौगोलिक स्थिति में रखा होता तो फिर भी वहाँ के लोग भौतिक समृद्धि की दिशा में अनवरत बढ़ते चले जाते? उनकी वर्तमान विपुल समृद्धि का आंशिक श्रेय शेष जगत् और उनके बीच पसरे अटलांटिक महासागर को मिलना ही चाहिए।

क्या कोई इस बात की कल्पना भी कर सकता है कि यदि सर्वशक्तिमान विधाता ने संयुक्त राज्य अमेरिका को पोलैंड की-सी दुर्भाग्यपूर्ण भौगोलिक स्थिति में रखा होता तो फिर भी वहाँ के लोग भौतिक समृद्धि की दिशा में अनवरत बढ़ते चले जाते?

भू-राजनीति शास्त्र ने इस शती के प्रथम दशक में पूर्णतया गलत भविष्यवाणी नहीं की थी कि ब्रिटेन की केंद्रीय स्थिति तब तक बनी रहेगी जब तक कि पृथ्वी के कुछ या कोई भाग खोजे जाने के लिए शेष रहेंगे, और जब सारा संसार एक पूर्ण-परिपथ में सिमटा निकाय हो जाएगा तथा उसमें आगे कुछ खोजने की आवश्यकता नहीं रह जाएगी तो यह नन्हा सा द्वीप अपनी वैभवपूर्ण स्थिति को गँवा देगा और विश्व-केंद्र वहाँ से हटकर पहले तो अफ्रीका तथा यूरेशियावाले 'गृह द्वीप' में और फिर बाद में उस 'गृह द्वीप' के पश्च भाग में चला जाएगा, जो हिमालय से उत्तर-ध्रुव तक फैला हुआ है।

एशिया में भारत की जो भौगोलिक स्थिति है, अधिकांशतः वैसी ही स्थिति यूरोप में इटली की है।

भूगोल और कला

भूगोल और कला का आपसी संबंध हमारे देश में लगभग अनदेखा-सा ही रह गया है। सिस्टर वायोलिटा ए.सी. ने 'रीसेंट ट्रेंड्स एंड कन्सेप्ट्स इन ज्योग्राफी' (भूगोल संबंधी नवीन प्रवृत्तियाँ तथा संकल्पनाएँ) में एक लेख में स्पष्ट किया है कि किस प्रकार भूगोल ने भारतीय संगीत पर प्रभाव डाला है।

भारत का संगीत अलग-अलग स्थानों पर अलग-अलग प्रकार का है, किंतु मोटे रूप से उसे दो विभागों में वर्गीकृत कर सकते हैं—उत्तर का हिंदुस्तानी संगीत और दक्षिण का कर्नाटक संगीत। उत्तर को अनेक आक्रमण झेलने पड़े, अत: उसने योद्धा जातियों को जन्म दिया। दक्षिण में जीवन अधिक शांतिपूर्ण था और लोगों के पास खेती-बाड़ी के लिए समय था। उन्हें विदेशियों से मिलने-जुलने के अधिक अवसर नहीं मिले। अत: वे रूढ़िवादी और अलग-थलग रहे। इसकी झलक उनके संगीत में मिलती है, जो रूढ़िवादी तथा शास्त्रीय बना रहा है।

भारत का संगीत अलग-अलग स्थानों पर अलग-अलग प्रकार का है, किंतु मोटे रूप से उसे दो विभागों में वर्गीकृत कर सकते हैं—उत्तर का हिंदुस्तानी संगीत और दक्षिण का कर्नाटक संगीत। उत्तर को अनेक आक्रमण झेलने पड़े, अत: उसने योद्धा जातियों को जन्म दिया।

भारतीय संगीत के साथ प्रकृति का बड़ा गहरा नाता है। भारतीय संगीत में अलग-अलग ऋतुओं और दिवस के अलग-अलग प्रहरों तथा प्रकृति के पंचतत्त्वों के लिए अलग-अलग 'राग' हैं। कतिपय 'राग' बसंत की छवि प्रस्तुत करते हैं। 'राग मल्हार' सुदूर आकाश में विद्युत्-गर्जन की प्रतिध्वनियाँ तथा वर्षा की बूँदों की पड़पड़ाहट को हमारे मानस-पटल पर अंकित करता है। वह हमारे सामने माटी की

भीनी-भीनी गंध को, वनस्पति की हरियाली को और मोर के शोर तथा कोयल की कूक को साकार करता है। अनेक 'राग' वर्षा ऋतु के सुर-में-सुर मिलाते हैं। उन्हें सुनकर लगता है जैसे आकाश में मेघ उमड़-घुमड़ रहे हैं और मूसलाधार वर्षा हो रही है। 'राग भटियाली' बंगाल की नदियों के स्थिर प्रवाह की झलक देता है। उसे सुनकर लगता है जैसे संध्या के झुटपुटे में घर लौटते थके-हारे मछेरे वेदना के स्वर में गा रहे हों।

मारवाड़ प्रदेश की चट्टानों तथा रेतीले परिवेश के ऊबड़-खाबड़पन और शुष्कता को 'राग माँड' में सँजोया और पिरोया गया है। पर्वतों की ढलानों पर जब जल गोल पत्थरों और कंकरों के साथ वेग से नीचे गिरता है तो उसके प्रवाह की ध्वनि को तथा पर्वतों और घाटियों की प्रतिध्वनियों को 'राग पहाड़ी' मुखर करता है। विषाद और अवसाद के 'राग भैरव' को भोर के शांत वातावरण में गाया जाता है।

प्रारंभिक पंजाबी लोक-संगीत की तुलना जीवन तथा आनंद से भरपूर तीव्रता से कल-कल, छल-छल बहती पर्वत-सरिता के साथ की जा सकती है। कालांतर में यह लोक-संगीत भी लोक-कथाओं के कल्पित प्रेमियों तथा नायकों की विरहपूर्ण करुण कथाओं के कथन का माध्यम बन गया।

प्रारंभिक पंजाबी लोक-संगीत की तुलना जीवन तथा आनंद से भरपूर तीव्रता से कल-कल, छल-छल बहती पर्वत-सरिता के साथ की जा सकती है। कालांतर में यह लोक-संगीत भी लोक-कथाओं के कल्पित प्रेमियों तथा नायकों की विरहपूर्ण करुण कथाओं के कथन का माध्यम बन गया। उसकी तुलना स्वयं पंजाब में ही बहनेवाली चिनाब जैसी गहरी, स्थिर, भव्य तथा मंद गति नदी से की जा सकती है। पंजाबी लोक-संगीत कुछ-कुछ पश्चिम एशिया के कतिपय देशों के संगीत से

मिलता-जुलता है। पंजाब इन देशों के निकट है और उस पर इन देशों के लोगों ने बार-बार आक्रमण किए। पंजाब के लोग सुख-दुःख के प्रति तीव्र प्रतिक्रिया व्यक्त करते हैं और उसकी झलक उनके गीत और संगीत में भी पायी जाती है।

बिहार में वर्षा ऋतु के श्रावण मास में जब लोग दिन-रात खेतों में जुटे रहते हैं, तो वे वहाँ 'बरसाती' नामक गीतों की वर्षा करते हैं।

जब हम बाँग्ला लोकगीत सुनते हैं तो हमारे सामने बंगालियों के दिन-प्रतिदिन के ठेठ सामान्य ग्रामीण जीवन का चित्र खड़ा हो जाता है। इस संगीत की विविधता का कारण जीवन की बदलती हुई मनोदशाएँ हैं जिनसे मेल बैठाते हुए संगीत की रचना की जाती है। अलग-अलग जिलों का अलग-अलग संगीत है और वह प्रदेश की विविध भौतिक विशिष्टताओं के अनुरूप है। इन गीतों में बंगाल के चौड़े खेतों तथा नदियों का वर्णन है। उनमें ऋतुओं की बहार और उदासी का चित्रण है। वे लोगों की आशाओं, स्वप्नों तथा कुंठाओं को, उनके सुख-दुःख तथा फसलों के पर्वों और तीज-त्योहारों के उल्लास को व्यक्त करते हैं।

पर्यावरण के अनुसार संगीत की गति भी बदलती जाती है। गरम जलवायु में संगीत मंद ताल में चलता है। वह अधिक विस्तारवाला और अधिक जटिल होता है। ठंडी जलवायु में वह द्रुत ताल में और उच्च स्वर में गाया जाता है।

पर्यावरण के अनुसार संगीत की गति भी बदलती जाती है। गरम जलवायु में संगीत मंद ताल में चलता है। वह अधिक विस्तारवाला और अधिक जटिल होता है। ठंडी जलवायु में वह द्रुत ताल में और उच्च स्वर में गाया जाता है।

विचार-प्रणालियाँ

धर्म-विषयक मत-संप्रदायों (रिलीजंस), विचारधाराओं, विचार-प्रणालियों (थॉट सिस्टम्स) की अपनी अलग भूमिका होती है।

यहाँ 'विचार प्रणाली' शब्द का प्रयोग जान-बूझकर किया गया है।

'विचारधारा' (आइडियोलॉजी) शब्द समय-समय पर अपना अर्थ बदलता रहा है। आज उसका प्रयोग उस अर्थ में नहीं किया जा रहा है जिस अर्थ में उसका प्रयोग पहले-पहल नेपोलियन के काल में किया गया था।

'रिलीजन' शब्द ने स्पष्टता से कहीं अधिक संभ्रम पैदा किया है। जैसा कि पंडित जवाहरलाल नेहरू ने कहा है, "किसी भी भाषा के किसी भी शब्द की तुलना में 'रिलीजन' शब्द की व्याख्या में विभिन्नता की कहीं अधिक संभावना है। इस शब्द की अलग-अलग लोगों ने अलग-अलग ढंग से व्याख्या की है…इस शब्द को पढ़ने या सुनने पर संभवत: किन्हीं भी दो व्यक्तियों के मन में विचारों और छवियों की एक-सी संरचना उत्पन्न नहीं होगी। 'रिलीजन' शब्द ने अपना संपूर्ण सही महत्त्व गँवा दिया है (यदि कभी कोई था) और वह केवल भ्रम पैदा करता है तथा कभी भी समाप्त न होनेवाले वाद-विवाद एवं तर्क-वितर्क को जन्म देता है जब बहुधा नितांत भिन्न अर्थ उसके साथ जोड़े जाते हैं। इससे कहीं अच्छा तो यह होगा कि उसका प्रयोग ही समाप्त कर दिया जाए और उसके स्थान पर 'अधिक सीमित अर्थ वाले अन्य शब्दों का प्रयोग किया जाए यथा ईश्वर-मीमांसा, दर्शन, नैतिक सिद्धांत, आचार-शास्त्र, अध्यात्म, तत्त्वमीमांसा, कर्तव्य, विधि-विधान आदि।"

'रिलीजन' शब्द ने अपना संपूर्ण सही महत्त्व गँवा दिया है (यदि कभी कोई था) और वह केवल भ्रम पैदा करता है तथा कभी भी समाप्त न होनेवाले वाद-विवाद एवं तर्क-वितर्क को जन्म देता है जब बहुधा नितांत भिन्न अर्थ उसके साथ जोड़े जाते हैं।

इसमें संदेह नहीं कि 'फिलॉसफी' (दर्शन) शब्द का एक निश्चित अर्थ था अर्थात् प्रज्ञा एवं ज्ञान की पिपासा, सत् के रूप में अस्तित्व का विज्ञान, पदार्थों के कारणों तथा नियमों का ज्ञान, ज्ञान की किसी भी शाखा में निहित सिद्धांत। किंतु आज वह अत्यधिक चलन से घिसे सिक्के जैसा हो गया है और उसने अपनी निश्चितता तथा पैनापन गँवा दिया है।

इसी कारण 'विचार-प्रणालियाँ' शब्द का सूत्रपात उचित लगता है।

जो भी हो, अपने मुख्य मुद्दे को स्पष्ट करने के लिए हम सहज ही उन मुद्दों की अवहेलना कर सकते हैं, जो अतीत के अंग बन गए हैं और आज की दुनिया में उनका कोई वारिस नहीं है।

हेब्रू राष्ट्र के जनकों तथा संस्थापकों अब्राहम, इसाक तथा जैकब के पास कलाओं के लिए न तो अवकाश था और न ही कोई सुविधा। मूसा ने भी उन्हीं का अनुसरण किया। मूसा की संहिता के आधार पर ही बाद के यहूदी जीवन का ढाँचा खड़ा किया गया, परंतु उसने अपने द्वितीय 'धर्मादेश' के माध्यम से ईश्वर की जो राष्ट्रीय संकल्पना खड़ी की, उसमें कला की उपेक्षा की गई।

यहूदी मत

हेब्रू राष्ट्र के जनकों तथा संस्थापकों अब्राहम, इसाक तथा जैकब के पास कलाओं के लिए न तो अवकाश था और न ही कोई सुविधा। मूसा ने भी उन्हीं का अनुसरण किया। मूसा की संहिता के आधार पर ही बाद के यहूदी जीवन का ढाँचा खड़ा किया गया, परंतु उसने अपने द्वितीय 'धर्मादेश' के माध्यम से ईश्वर की जो राष्ट्रीय संकल्पना खड़ी की, उसमें कला की उपेक्षा की गई। उसके अनुसार, ईश्वर की कोई उत्कीर्ण छवियाँ नहीं गढ़ी जा सकती थीं अर्थात् ईश्वर को रूप तथा

आकार से परे होना ही चाहिए। आदेश ने संप्रदाय के प्रति हेब्रू निष्ठा को अनिवार्य ठहराया और उन पुराने दिनों में विज्ञान तथा कला के लिए कोई स्थान नहीं छोड़ा। गणित ज्योतिष की उपेक्षा की गई। नए मंदिर में किसी भी प्रकार की कोई मूर्ति नहीं थी। पुरानी मूर्तियों को बेबीलोन भेज दिया गया। बेबीलोनिया की दासता के बाद हमें किसी मूर्ति, चित्र अथवा पच्चीकारी का चिह्न नहीं मिलता। पुजारी केवल नगण्य वास्तुकला तथा संगीत की अनुमति देते थे।

पूर्व-विधान (ओल्ड टेस्टामेंट) की समस्त पुस्तकें उन यहूदियों की पावन साहित्यिक संपत्ति थीं, जिन्हें कुछ बचे-खुचे सामान्य व्यक्तियों के अतिरिक्त, ईसा पूर्व 587 में चाल्डियन नेबुचडनेजार द्वितीय ने उनके स्वदेश से बेबीलोनिया में निर्वासित कर दिया था। बाद में वे अपने येरुशलम के नगरों में लौट आए और उन्होंने अपने मंदिर का पुनर्निर्माण किया। राजा सोलोमन (960 ई. पूर्व) ने संप्रदाय को नवरूप तथा नवजीवन प्रदान किया, जिसके जातीय तथा मानसिक रूप से संभ्रमित हेब्रू लोगों पर क्षीण नियंत्रण के कारण समस्याएँ खड़ी हो रही थी।

पूर्व-विधान (ओल्ड टेस्टामेंट) की समस्त पुस्तकें उन यहूदियों की पावन साहित्यिक संपत्ति थीं, जिन्हें कुछ बचे-खुचे सामान्य व्यक्तियों के अतिरिक्त, ईसा पूर्व 587 में चाल्डियन नेबुचडनेजार द्वितीय ने उनके स्वदेश से बेबीलोनिया में निर्वासित कर दिया था।

राजा सोलोमन के शासन के साथ ही हेब्रू लोगों का अल्पकालीन वैभव समाप्त हो जाता है। कालांतर में यह पुजारी-प्रधान मंदिरवाला संप्रदाय पैगंबरी संप्रदाय हो गया। शनैः-शनैः यहूदी यह विश्वास करने लगे कि केवल यहोवा ही सच्चा ईश्वर है, समूचे भू-मंडल में एकमेव उनकी जाति ही ईश्वर की चहेती जाति है और यहोवा के चिर-स्थगित वचन

को पूरा करने के लिए एक मसीहा आएगा। 'किसी भी अन्य देवता को सहन न करनेवाले' एकमेव और 'ईर्ष्यालु' प्रभु की संकल्पना तथा वचन और दैवी नेतृत्व की अवधारणा ने यहूदी संप्रदाय को (असहिष्णुता) का ऐसा स्वभाव प्रदान किया, जिसका प्रदर्शन कोई भी अन्य समसामयिक संप्रदाय न कर सका। बौद्ध मत, कन्फ्यूशियसवाद, लाओत्सेवाद अथवा ताओवाद में न तो ऐसी कठोरता थी और न ही असहिष्णुता का प्रबल आवेग।

'किसी भी अन्य देवता को सहन न करनेवाले' एकमेव और 'ईर्ष्यालु' प्रभु की संकल्पना तथा वचन और दैवी नेतृत्व की अवधारणा ने यहूदी संप्रदाय को (असहिष्णुता) का ऐसा स्वभाव प्रदान किया, जिसका प्रदर्शन कोई भी अन्य समसामयिक संप्रदाय न कर सका।

इस दृढ़ धारणा में से ही यहूदियों के मानसिक साँचे का जन्म हुआ। उसने उन्हें सदियों के विश्वव्यापी उत्पीड़न के झंझावात में भी जीवित रखा। किंतु यद्यपि सदियों तक समूचे भूमंडल पर बिखरी उनकी प्रतिभा ने विभिन्न संस्कृतियों में सारवान योगदान किया, उनकी सृजनात्मकता का सदुपयोग उस लंबी अवधि में उनकी अपनी जन्मभूमि के सांस्कृतिक पुनर्जागरण के लिए नहीं किया जा सका। उनके इस परंपरागत मानसिक साँचे का प्रभाव इनाइल के जन्म के पश्चात् राष्ट्रीय पुनर्निर्माण के भगीरथ-प्रयास तथा अरब जगत् के प्रति उनके विकट प्रतिरोध में देखा जा सकता है। आज इजराइल को तत्काल आवश्यकता स्पार्टा की युयुत्सु वृत्ति की है, फ्लोरेंस के लोकप्रसिद्ध सौंदर्यबोध की नहीं।

इसलाम

लगता है कि राष्ट्रीय तथा अंतरराष्ट्रीय जीवन के विभिन्न पक्षों पर पड़नेवाले इसलाम के प्रभाव को वस्तुपरक दृष्टि से आँकने और

मापने का कोई विशद प्रयास अभी तक नहीं किया गया है, यद्यपि विश्व के बाजारों में इसलाम संबंधी साहित्य की बाढ़ आ रही है। 'संप्रदाय-निरपेक्षता और इसलाम' विषय पर कोई प्रामाणिक पुस्तक उपलब्ध नहीं है। उन विनिबंधों को, जैसे कि एस.एन. राय ने रचे हैं, अपवाद माना जाता है। इसलाम से संबंधित विभिन्न शब्दों का प्रयोग असंगत ढंग से किया जा रहा है और उससे विचार-विभ्रम उत्पन्न हो रहा है। कलाओं के क्षेत्र में ऐसा विशेष रूप से हो रहा है यथा 'इसलामी कला', 'मुस्लिम', 'हिंदू-मुस्लिम', 'मूरी' (मूरिश) अथवा 'हिंदू-अरबी' वास्तुकला, मुगल कला, अफगान शैली की वास्तुकला, फारसी कला आदि। इस क्षेत्र में भी कला का क, ख, ग भी न जाननेवाले राजनीतिक नेता अपने दलगत स्वार्थों को साधने के लिए सत्यानाश कर रहे हैं। इस तथ्य को भुला दिया जा रहा है कि इसलाम को अपना मजहब घोषित करनेवाले हर राष्ट्र, जाति या कबीले की अपनी अलग विशिष्टताओं वाली संस्कृति है। मानवेंद्रनाथ राय के ध्यान में यह तथ्य था जब उन्होंने कहा था कि खैबर के मार्ग से जो आक्रमण किए गए, वे वास्तव में विभिन्न कबीलों यथा अरबों, मुगलों आदि के थे, इसलाम के नहीं। उनके अनुसार ऐसे आक्रमणों तथा बाद की शासन-प्रणालियों का स्वरूप आक्रमणकारी कबीलों की अलग-अलग विशेषताओं के अनुरूप अलग-अलग था। पुनश्च फारस की अथवा मिश्र के पिरामिडों की

इसलाम से संबंधित विभिन्न शब्दों का प्रयोग असंगत ढंग से किया जा रहा है और उससे विचार-विभ्रम उत्पन्न हो रहा है। कलाओं के क्षेत्र में ऐसा विशेष रूप से हो रहा है यथा 'इसलामी कला', 'मुस्लिम', 'हिंदू-मुस्लिम', 'मूरी' (मूरिश) अथवा 'हिंदू-अरबी' वास्तुकला, मुगल कला, अफगान शैली की वास्तुकला, फारसी कला आदि।

अनोखी वास्तुकला-शैली तो इसलाम-पूर्व की थी। हमारे देश में अफगान शासकों ने वास्तुकला-संबंधी अपने प्रयोजनों के लिए हिंदू कारीगरों का उपयोग किया, हिंदू विषय-वस्तु का अनुकरण किया और यहाँ तक कि हिंदू मंदिरों के स्तंभों को भी अपना लिया। उनकी अनेक मसजिदें मात्र ऐसे हिंदू मंदिर थे जिनका मुस्लिम नमाज के लिए पुनर्निर्माण कर लिया गया था। फतेहपुर सीकरी, दिल्ली तथा आगरा की वास्तुकला-शैली को मुगल शैली कहा जाता है। आज संगीत को समर्पित अध्यवसायी मुस्लिम कलाकार बड़ी ही उत्तम रीति से संगीत की देशी शैलियों की साधना तथा उनका संवर्धन कर रहे हैं और उन सभी का देशी कला के 'साधकों' के रूप में सम्मान किया जाता है। तानसेन भी ऐसे ही साधक थे। अकबर के शासन-काल में जो सत्रह कलाकार (चित्रकार) चोटी के माने जाते थे, उनमें से तेरह हिंदू थे। ताजमहल, कुतुब मीनार तथा अन्य कृतियों के बारे में पी.एन. ओक के दावों को चुनौती देने के लिए कोई भी प्रख्यात विद्वान् आगे नहीं आया है। किंतु माना यह जाता है कि ताजमहल के आकल्पन (डिजाइन) के लिए शाहजहाँ ने तीन विदेशी कलाकारों का सदुपयोग किया, जिनमें से एक गीरोनिमो वेरोनियो नामक इतालवी था, दूसरा उस्ताद इसा नामक फारसवासी था और तीसरा आस्तिन दे बोर्दियो नामक फ्रांसीसी था। लॉर्ड विलियम बेंटिक का एक बार यह विचार था कि ताजमहल एक हिंदू ठेकेदार को 1,50,000 पौंड में बेच दिया जाए।

ताजमहल, कुतुब मीनार तथा अन्य कृतियों के बारे में पी.एन. ओक के दावों को चुनौती देने के लिए कोई भी प्रख्यात विद्वान् आगे नहीं आया है। किंतु माना यह जाता है कि ताजमहल के आकल्पन (डिजाइन) के लिए शाहजहाँ ने तीन विदेशी कलाकारों का सदुपयोग किया, जिनमें से एक गीरोनिमो वेरोनियो नामक इतालवी था''

संप्रदाय के रूप में इसलाम ने अपनी छत्रच्छाया में रहनेवाले लोगों के स्वभाव पर प्रभाव डाला है। किंतु उन लोगों की मूल संस्कृतियों ने भी इसलाम के स्थानीय तथा सामान्य स्वभाव तक पर प्रभाव डाला है। इस समूचे असाधारण पक्ष का विवेचनात्मक विश्लेषण करने के लिए एक और रॉय को जन्म लेना होगा। फिर भी तथ्य यह है कि इसलाम का स्वभाव ललित कलाओं के संवर्धन के अनुकूल नहीं है। जूडिया (न्यू टेस्टामेंट में सम्मिलित पुस्तक) में मूसा के निषेध की भाँति इसलामी निषेध ने भी इसलामी दुनिया में कलाओं की प्रगति को अवरुद्ध किया।

हाल ही में दूरदर्शन पर 'रामायण' तथा 'महाभारत' धारावाहिक प्रस्तुत किए गए। क्या पैगंबर हजरत मुहम्मद के जीवन पर भी ऐसे ही धारावाहिक प्रस्तुत किया जा सकता है? जो भी इस दुष्कर कार्य को हाथ में लेगा, उसे 'रेगिस्तान के स्वामी' की उपस्थिति को अनिवार्यतः संकेत अथवा प्रतीक के रूप में दिखाना होगा"

हाल ही में दूरदर्शन पर 'रामायण' तथा 'महाभारत' धारावाहिक प्रस्तुत किए गए। क्या पैगंबर हजरत मुहम्मद के जीवन पर भी ऐसे ही धारावाहिक प्रस्तुत किया जा सकता है? जो भी इस दुष्कर कार्य को हाथ में लेगा, उसे 'रेगिस्तान के स्वामी' की उपस्थिति को अनिवार्यतः संकेत अथवा प्रतीक के रूप में दिखाना होगा और वह होगा उनके ऊँट का पिछला भाग और उसकी पूँछ, क्योंकि 'हजरत पैगंबर' को परदे पर नहीं दिखाया जा सकता। वह इसलाम के सिद्धांतों के प्रतिकूल होगा।

यह एक मान्य तथ्य है कि औरंगजेब तथा उसके पूर्ववर्तियों के मनों पर इसलाम का प्रभाव एक-सा नहीं था। औरंगजेब के बारे में विल डूरैंट ने कहा है—

"निरख-परख के बावजूद औरंगजेब मुगल तथा भारतीय कला के लिए अभिशाप था। एक ही मजहब के अंधभक्त (कठमुल्ला) के रूप में उसे कला में मूर्तिपूजा तथा असारता के अतिरिक्त कुछ नहीं दिखाई देता था…भारतीय कला ने कब तक उसका पीछा किया।"

तथाकथित 'हिंदू-मुस्लिम वास्तुकला' के बारे में श्री अरविंद का विचार है, "उसके रूप-स्वरूप की विशुद्ध स्वदेशी उत्पत्ति के दावे के समर्थन से मेरा कोई लेना-देना नहीं है। मुझे ऐसा लगता है कि यहाँ भारतीय मानस ने अरब तथा फारस की कल्पना से बहुत कुछ ग्रहण किया है और कुछ मसजिदों तथा मकबरों में मुझे अफगानों तथा मुगलों के बलिष्ठ और साहसी स्वभाव की छाप दीख पड़ी, किंतु फिर भी यह पर्याप्त रूप से स्पष्ट है कि समग्रतः वह अनोखी भारतीय प्रतिभा से मंडित ठेठ भारतीय सृजन है…उसका सौंदर्य जो भी हो, कलात्मक सृजन संपूर्णतः दोयम स्तर का है और उसकी तुलना प्रस्तर में प्रतिष्ठित हिंदू निर्माताओं की महान् आध्यात्मिक आकांक्षाओं से नहीं की जा सकती।" पुनश्च, "यहाँ वास्तव में पूर्ववर्ती भारतीय मानस का विराट् आध्यात्मिक स्वरूप अनुपस्थित है, परंतु फिर भी वह एक भारतीय मानस है जिसने इन नाजुक कृतियों में पश्चिम एशिया के प्रभाव को आत्मसात् कर लिया है।"

निरख-परख के बावजूद औरंगजेब मुगल तथा भारतीय कला के लिए अभिशाप था। एक ही मजहब के अंधभक्त (कठमुल्ला) के रूप में उसे कला में मूर्तिपूजा तथा असारता के अतिरिक्त कुछ नहीं दिखाई देता था... भारतीय कला ने कब तक उसका पीछा किया।

वास्तुकला संबंधी अपने अध्याय का समापन करते हुए विल डूरैंट ने कहा है, "अतः इस संक्षिप्त से सर्वेक्षण का समापन भी समारंभ जैसा

होना चाहिए। मैं यह स्वीकार करता हूँ कि बस केवल एक हिंदू ही पूर्णतः भारतीय कला का मूल्यांकन कर सकता है अथवा क्षम्य रीति से उसके बारे में लिख सकता है।"

कम्युनिज्म

नवीनतम सेमिटिक संप्रदाय कम्युनिज्म ने अपनी विचारधारा के अनुसार एक नवीन सर्वहारा संस्कृति' के निर्माण का सपना देखा। 'सर्वहारा संस्कृति' के समर्थकों ने अतीत की राष्ट्रीय लोकतांत्रिक परंपराओं को नकारा और नाशवाद (निहिलिज्म) तथा कला संबंधी घोर आतंकवाद (फॉर्मेलिज्म) का प्रचार-प्रसार किया।

नवीनतम सेमिटिक संप्रदाय कम्युनिज्म ने अपनी विचारधारा के अनुसार एक नवीन सर्वहारा संस्कृति' के निर्माण का सपना देखा। 'सर्वहारा संस्कृति' के समर्थकों ने अतीत की राष्ट्रीय लोकतांत्रिक परंपराओं को नकारा और नाशवाद (निहिलिज्म) तथा कला संबंधी घोर आतंकवाद (फॉर्मेलिज्म) का प्रचार-प्रसार किया।

लेनिन अंशतः इस दृष्टिकोण से सहमत थे। उनका आग्रह था कि "सामान्यतः राजनीतिक शिक्षा के क्षेत्र में और विशेषतः कला के क्षेत्र में समूचे कार्यकलाप में वर्ग-संघर्ष की भावना होनी चाहिए⋯।" समस्त विज्ञानों की भाँति समस्त कलाओं से भी यह अपेक्षा की गई कि वे तानाशाही के ध्येय को पल्लवित करें। लेनिन के कार्यक्रम में कहा गया कि "श्रमजीवी वर्ग को इस योग्य बनाया जाएगा कि वह उस संपूर्ण कला-निधि का आनंद ले सके जिसका सृजन उसके श्रम का शोषण करके किया गया, किंतु अभी तक जिसका आनंद केवल शोषक वर्ग लेता रहा।" "श्रमजीवी वर्ग के सशक्त तथा अक्षय क्षमता-भंडार की अभिवृद्धि के लिए एक दृढ़ आधार खड़ा करना" आवश्यक था।

लेनिन समाजवादी औद्योगीकरण, कृषि-सहकारिता तथा सांस्कृतिक

क्रांति को समाजवादी निर्माण के तीन प्रमुख परस्पर संबद्ध अंग मानते थे। उनकी दृष्टि में संस्कृति देश–काल से परे कोई अलग–थलग वस्तु नहीं थी। उन्होंने उसे जीवन के समस्त पक्षों से जुड़ा देखा। सांस्कृतिक क्रांति राजनीतिक, आर्थिक तथा सामाजिक विकास में सहायक थी। सांस्कृतिक क्रांति लाना राजनीतिक सत्ता प्राप्त करने से अधिक दुष्कर कार्य था।

मार्क्सवाद ने क्रांतिकारी सर्वहारा वर्ग की विचारधारा के रूप में अपना ऐतिहासिक महत्त्व इस कारण प्राप्त किया है कि बुर्जुआ काल की सर्वाधिक मूल्यवान उपलब्धियों को अस्वीकार करना तो दूर की बात है, इसके विपरीत उसने मानव चिंतन–मनन तथा संस्कृति के विकास के दो हजार से भी अधिक वर्षों की प्रत्येक मूल्यवान वस्तु को आत्मसात् करके उसे पुनः नया रूप दिया है।

लेनिन को पता था कि कम्युनिस्ट राज्य की राजनीतिक शिक्षा–पद्धति को सुदृढ़ करने के लिए “शिक्षकों को बुर्जुआ वर्ग से परंपरा में मिले समस्त ज्ञान के योगफल को अर्जित करना” आवश्यक था।

लेनिन ने लिखा है, “मार्क्सवाद ने क्रांतिकारी सर्वहारा वर्ग की विचारधारा के रूप में अपना ऐतिहासिक महत्त्व इस कारण प्राप्त किया है कि बुर्जुआ काल की सर्वाधिक मूल्यवान उपलब्धियों को अस्वीकार करना तो दूर की बात है, इसके विपरीत उसने मानव चिंतन–मनन तथा संस्कृति के विकास के दो हजार से भी अधिक वर्षों की प्रत्येक मूल्यवान वस्तु को आत्मसात् करके उसे पुनः नया रूप दिया है।” पुनश्च, “हमें उसके (अर्थात् सांस्कृतिक कायाकल्प की प्रक्रिया का) समाजवादी निर्माण की किसी अन्य समस्या की भाँति ही गहन तथा विशद विश्लेषण करना चाहिए और ऐसा करते समय मानव समाज, देश

तथा हर प्रदेश की स्थानीय विशेषताओं के विकास का नियमन करनेवाले सामान्य नियमों का समुचित ध्यान रखना चाहिए।" सांस्कृतिक क्रांति की कालावधि में क्रांति-पूर्व सांस्कृतिक संस्थानों का कुछ पुनर्गठन करके उनका सदुपयोग किया जा सकता है। इनमें अन्य बातों के अतिरिक्त रंगमंच, चित्रकारी और संगीत-संस्कृति का रूपांतरण एवं विकास तथा नव-साहित्य का सृजन भी सम्मिलित है।

इनमें सुविख्यात गणितज्ञ तथा खगोलविज्ञानी मिर्जो उलुगबेक, सर्वज्ञानसंपन्न सिना, मुहम्मद इब्न-मुसा खोरेज्मी, महान् उजबेक कवि तथा चिंतक अलीशेर नवोई तथा विज्ञान और संस्कृति के उत्थान में महत्त्वपूर्ण योगदान करनेवाली अन्य प्रतिभाओं की कृतियाँ सम्मिलित थीं।

यथा, उजबेकिस्तान के मध्य एशियाई गणराज्य में यह प्रयास किया गया कि उसके लोगों की उपयुक्त सांस्कृतिक परंपराओं का पुनरुत्थान किया जाए और उनका संपर्क अनेक शतियों के साहित्य, विज्ञान तथा कला संबंधी उपलब्धियों से कराया जाए। इनमें सुविख्यात गणितज्ञ तथा खगोलविज्ञानी मिर्जो उलुगबेक, सर्वज्ञानसंपन्न सिना, मुहम्मद इब्न-मुसा खोरेज्मी, महान् उजबेक कवि तथा चिंतक अलीशेर नवोई तथा विज्ञान और संस्कृति के उत्थान में महत्त्वपूर्ण योगदान करनेवाली अन्य प्रतिभाओं की कृतियाँ सम्मिलित थीं।

लेनिन का विचार था कि एकीकृत समाजवादी संस्कृति के विकास के साथ-साथ सांस्कृतिक क्रांति को हर राष्ट्रीयता की सर्वोत्तम राष्ट्रीय विशिष्टताओं को आगे बढ़ाना और मुखरित करना चाहिए।

किंतु लेनिन के उत्तराधिकारी ने उनकी नीति की अवहेलना की, भले ही 1936 के सोवियत संविधान में 1930 के दशक के पूर्वार्ध में देश के सफल औद्योगीकरण, कृषि के सामूहिकीकरण और सांस्कृतिक क्रांति

की उपलब्धियों का उल्लेख किया गया।

स्तालिन ने सोवियत संघ की सभी राष्ट्रीय संस्कृतियों के रूसीकरण का भी प्रयास किया।

इसका अर्थ था कि रूसियों की संस्कृति का प्रसार हो और रूसी भाषा का अध्ययन किया जाए। फलितार्थ यह निकला कि विभिन्न राष्ट्रीय संस्कृतियों की सभी विशिष्टताओं को घिसी-पिटी और कालबाह्य घोषित कर कूड़ेदान में फेंक दिया गया तथा शिक्षा-प्रणाली पर कठोर अनुशासन का अंकुश लगा दिया गया। सभी राष्ट्रीयताओं के प्रतिभावान लेखकों, कवियों, नाटककारों, कलाकारों, संगीतज्ञों, अभिनेताओं के अतिरिक्त अभियंताओं (Engineers), कृषिशास्त्रियों, डॉक्टरों, शिक्षकों तथा वैज्ञानिकों को भी रूसीकरण के कठोर शिकंजे में जकड़ दिया गया। संस्कृति से यह अपेक्षा नहीं की गई कि वह लोगों की विभिन्न श्रेणियों की उत्तरोत्तर बढ़ती हुई आवश्यकताओं को पूरा करे, लोगों की स्वतंत्र कलात्मक लगन-जतन को प्रोत्साहन दे और उनकी विशिष्ट प्रतिभाओं तथा सौंदर्य-रुचियों के लिए पर्याप्त अवसर जुटाए। 'अंतरराष्ट्रीय समाजवादी संस्कृति' की आड़ में सभी गैर-रूसी लोगों पर रूसी संस्कृति थोप दी गई।

संस्कृति से यह अपेक्षा नहीं की गई कि वह लोगों की विभिन्न श्रेणियों की उत्तरोत्तर बढ़ती हुई आवश्यकताओं को पूरा करे, लोगों की स्वतंत्र कलात्मक लगन-जतन को प्रोत्साहन दे और उनकी विशिष्ट प्रतिभाओं तथा सौंदर्य-रुचियों के लिए पर्याप्त अवसर जुटाए। 'अंतरराष्ट्रीय समाजवादी संस्कृति' की आड़ में सभी गैर-रूसी लोगों पर रूसी संस्कृति थोप दी गई।

किंतु इस बात की ओर ध्यान दिया जाना चाहिए कि एम. गोर्बाचोव

ने इस संबंध में सोवियत संघ के संपूर्ण चिंतन तथा नीतियों में क्रांतिकारी परिवर्तन का सूत्रपात किया। अक्तूबर क्रांति की 70वीं वर्षगाँठ पर सोवियत संघ कम्युनिस्ट पार्टी की केंद्रीय समिति, सोवियत संघ तथा रूसी समाजवादी गणराज्य (आर.एस.एफ.एस.आर.) की सर्वोच्च सोवियत के संयुक्त समारोह सम्मेलन में उन्होंने कहा था—"विद्वानों, वैज्ञानिकों, आविष्कारकों, लेखकों, पत्रकारों, कलाकारों, अभिनेताओं तथा शिक्षकों को—उन सभी को जो संस्कृति तथा शिक्षा के विभिन्न क्षेत्रों में काम करते हैं—पुनर्गठन (पेरेस्त्रोइका) का प्रबल समर्थक होना ही चाहिए।"

इस अवसर पर उस मानपत्र का उद्धरण असंगत नहीं होगा, जो 845 ई.पू. में शाओ के ड्यूक ने राजा लि-वांग को दिया था—"एक सम्राट् को ज्ञात होता है कि वह उस अवस्था में किस प्रकार राजकाज चलाए जब किसी प्रकार का कोई अंकुश या भय नहीं होता और मुक्तभाव से कवि छंद-रचना कर सकते हैं, लोग नाटक खेल सकते हैं, इतिहासकार सत्य को प्रस्तुत कर सकते हैं, मंत्री परामर्श दे सकते हैं, निर्धन करों पर रोष प्रकट कर सकते हैं, छात्र उच्च स्वर से पाठ याद कर सकते हैं, कारीगर अपने कौशल की सराहना कर सकते हैं और आजीविका खोज सकते हैं, लोग किसी भी बात के बारे में मुँह खोल सकते हैं और वृद्धजन किसी भी बात में या वस्तु में दोष निकाल सकते हैं।

एक सम्राट् को ज्ञात होता है कि वह उस अवस्था में किस प्रकार राजकाज चलाए जब किसी प्रकार का कोई अंकुश या भय नहीं होता और मुक्तभाव से कवि छंद-रचना कर सकते हैं, लोग नाटक खेल सकते हैं, इतिहासकार सत्य को प्रस्तुत कर सकते हैं...

'ईसाई' अथवा 'यूरोपीय'

यह रूढ़िसंगत है, पर तर्कसंगत नहीं कि यूरोपीय संस्कृति, यूरोपीय

कला और यूरोपीय विज्ञान को 'ईसाई' संस्कृति, 'ईसाई कला और 'ईसाई' विज्ञान का पर्याय मान लिया जाए। जन-साधारण के लिए दोनों में कोई विभेद करने की कोई व्यावहारिक आवश्यकता नहीं है।

मानव मात्र के मानस पर जीसस (ईसा) का अपार प्रभाव पड़ता रहा है, किंतु ईसाइयत का वैसा प्रभाव नहीं है। जन-साधारण को यह पता नहीं है कि ईसा को ईसाइयत के साथ जोड़ना उचित नहीं होगा। तथापि यह एक ऐसा मूलबिंदु है जिसकी ओर हर गंभीर चिंतक को ध्यान देना चाहिए।

मानव मात्र के मानस पर जीसस (ईसा) का अपार प्रभाव पड़ता रहा है, किंतु ईसाइयत का वैसा प्रभाव नहीं है। जन-साधारण को यह पता नहीं है कि ईसा को ईसाइयत के साथ जोड़ना उचित नहीं होगा। तथापि यह एक ऐसा मूलबिंदु है जिसकी ओर हर गंभीर चिंतक को ध्यान देना चाहिए।

एच.जी. वेल्स के अनुसार जीसस तो ईसाइयत के बीज थे, न कि संस्थापक—"यह आवश्यक है कि पाठक का ध्यान इस तथ्य की ओर दिलाया जाए कि निकेशिया की इस पूर्ण विकसित ईसाइयत तथा नाजरेथ के जीसस के उपदेशों के बीच आकाश-पाताल का अंतर है। सभी ईसाई मानते हैं कि उत्तरवर्ती का पूर्ण समावेश पूर्ववर्ती में है, परंतु यह प्रश्न हमारे विचार-क्षेत्र से बाहर का है। स्फटिक की भाँति स्पष्ट दीख पड़ता है कि नाजरेथ के ईसा का उपदेश नए प्रकार का एक ऐसा पैगंबरी उपदेश था जो यहूदी पैगंबरों के साथ प्रारंभ हुआ। उसमें पुजारी के लिए कोई स्थान नहीं था। उसमें न तो कोई पूजागृह था और न कोई वेदी। उसमें कर्मकांड और अनुष्ठान भी नहीं था। 'एक भग्न तथा पश्चात्ताप भरा हृदय' ही उसका चढ़ावा था। प्रचारकों का संगठन उसका एकमात्र संगठन था और उसका मुख्य कार्य उपदेश

देना था। किंतु चौथी शती की पूर्ण विकसित ईसाइयत, भले ही उसने सुसमाचार (गोस्पेल) में जीसस के उपदेशों को अपना नाभिकेंद्र बनाए रखा, मुख्यत: उसी प्रकार का पुजारी (पादरी) वाला उपासनापंथ था जैसा हजारों वर्षों से संसार में प्रचलित था। उसके लंबे-चौड़े कर्मकांड का केंद्र थी एक वेदी और पूजन का अनिवार्य कार्य था मिस्सा (मास) के एक अभिसिक्त पादरी के हाथ से अर्पित चढ़ावा। और उसका दिन दूनी, रात चौगुनी उन्नति करता हुआ उपयाजकों, पादरियों और बिशपों का एक संगठन था''हमें एक अति महत्त्वपूर्ण बात की ओर ध्यान देना चाहिए कि ईसाइयत की जड़ें जमाने में सम्राट् का हाथ था। न केवल निकेशिया की परिषद् को कॉन्स्टेंटाइन महान् ने आहूत किया था, बल्कि समस्त बड़ी-बई परिषदों को—यथा दो कॉन्स्टेंटिनोपल में (381 और 553), इफेसस में (431) और चाल्सिडोन में (451)—राज-सत्ता ने ही बुलाया था। और यह पूर्णत: उजागर है कि इस काल के ईसाइयत के अधिकांश इतिहास में कॉन्स्टेंटाइन महान् का प्रभाव जीसस के प्रभाव जैसा ही या उससे भी कहीं अधिक परिलक्षित होता है।"

वेल्स ने यह भी कहा है कि "सुसमाचारों में धर्मविज्ञान संबंधी दृढ़ोक्तियों के जिस समूचे समूह को ईसाइयत का अंग बताया गया है, उसका नगण्य आधार है। इन सिद्धांत-पुस्तकों में कोई स्पष्ट तथा दृढ़

वेल्स ने यह भी कहा है कि "सुसमाचारों में धर्मविज्ञान संबंधी दृढ़ोक्तियों के जिस समूचे समूह को ईसाइयत का अंग बताया गया है, उसका नगण्य आधार है। इन सिद्धांत-पुस्तकों में कोई स्पष्ट तथा दृढ़ उक्ति उन सिद्धांतों के बारे में नहीं है, जिन्हें सामान्यत: सभी प्रकार के ईसाई गुरु मुक्ति के लिए आवश्यक समझते हैं।

उक्ति उन सिद्धांतों के बारे में नहीं है, जिन्हें सामान्यत: सभी प्रकार के ईसाई गुरु मुक्ति के लिए आवश्यक समझते हैं। सेंट जॉन के सुसमाचार के एक परिच्छेद के अतिरिक्त वस्तुत: जीसस के श्रीमुख से निकले ऐसे शब्दों को खोज पाना कठिन है जिनमें उन्होंने दावा किया हो कि वह यहूदियों के मसीहा हैं...तथा ईश्वरत्व का अंग होने के किसी दावे को अथवा किसी ऐसे परिच्छेद को खोज पाना तो और भी कठिन है जिसमें उन्होंने 'प्रायश्चित्त' के सिद्धांत पर प्रकाश डाला हो अथवा अपने अनुयायियों से प्रसादों अथवा परम प्रसादों के चढ़ावे का (अर्थात् पुजारी कर्म का) आग्रह किया हो। अभी तो हम इस बारे में विचार करेंगे कि बाद में किस प्रकार समूचा ईसाई जगत् त्रित्व (ट्रिनिटी) संबंधी विवादों से ग्रस्त एवं त्रस्त हो गया। इस बारे में कोई साक्ष्य उपलब्ध नहीं है कि जीसस के शिष्यों ने कभी 'त्रित्व' के बारे में सुना हो—उनके मुख से तो कदापि नहीं। पुन: यहूदी विश्राम-दिवस (सब्बाथ) को स्थानांतरित करके आकाश के प्राचीन देवता मिथ्रास के रविवार को मनाना अनेक ईसाई पंथों की विशिष्टता है, किंतु जीसस ने जान-बूझकर विश्राम-दिवस की प्रथा को तोड़ा और कहा कि उसे मानव के लिए बनाया गया, मानव को 'सब्बाथ' के लिए नहीं। न ही उन्होंने स्वर्ग की सम्राज्ञी आइसिस के रूप में अपनी माता 'मेरी' की पूजा के बारे में कुछ कहा है। अर्चना तथा आचार में जो कुछ भी सर्वाधिक ठेठ ईसाई है, उस सबकी उन्होंने

यहूदी विश्राम-दिवस (सब्बाथ) को स्थानांतरित करके आकाश के प्राचीन देवता मिथ्रास के रविवार को मनाना अनेक ईसाई पंथों की विशिष्टता है, किंतु जीसस ने जान-बूझकर विश्राम-दिवस की प्रथा को तोड़ा और कहा कि उसे मानव के लिए बनाया गया, मानव को 'सब्बाथ' के लिए नहीं।

उपेक्षा की। संशयात्मा लेखक यह स्वीकार करने का साहस जुटा नहीं पाए हैं कि जीसस को ईसाई कहा ही नहीं जा सकता···उतनी ही उल्लेखनीय बात यह है कि जहाँ जीसस ने अपने स्वर्ग के साम्राज्य के सिद्धांत के उपदेश को भारी महत्त्व दिया, वहाँ अधिकांश ईसाई चर्चों की प्रक्रिया तथा उपदेश में उसे अपेक्षाकृत अल्प महत्त्व दिया गया।"

जीसस के प्रमुख उपदेश, स्वर्ग के साम्राज्य के सिद्धांत की ईसाई पंथों में अति अल्प भूमिका रही है। "फिर भी इस बात पर ध्यान दिया जाए कि जहाँ जीसस के यथार्थ उपदेशों में ऐसा बहुत कुछ था जिसे कोई धनी व्यक्ति या पादरी या व्यापारी या राजकीय अधिकारी या सामान्य संभ्रांत नागरिक अपनी जीवन शैली में अति क्रांतिकारी परिवर्तन किए बिना स्वीकार नहीं कर सकता, वहाँ ऐसा कुछ नहीं था जिसे शाक्य गौतम के वास्तविक उपदेश का अनुयायी तत्काल ग्रहण न कर सके, ऐसा कुछ नहीं था जो प्राचीन बौद्ध को नाजरीन होने से भी रोके और ऐसा कुछ नहीं था जो जीसस के अपने चेले को बुद्ध के सभी अभिलिखित उपदेशों को स्वीकार करने से रोके।"

फिर भी इस बात पर ध्यान दिया जाए कि जहाँ जीसस के यथार्थ उपदेशों में ऐसा बहुत कुछ था जिसे कोई धनी व्यक्ति या पादरी या व्यापारी या राजकीय अधिकारी या सामान्य संभ्रांत नागरिक अपनी जीवन शैली में अति क्रांतिकारी परिवर्तन किए बिना स्वीकार नहीं कर सकता···

मूलतः सेंट पॉल के चर्चवाद अथवा आगस्टाइन के पूर्व की ईसाइयत का दृष्टिकोण ललित कलाओं के प्रति उदार नहीं था।

25 अप्रैल, 387 ई. को अपने बपतिस्मे के शीघ्र पश्चात् आगस्टाइन ने उदारशील कलाओं विशेषतः संगीत के बारे में विनिबंध-माला की रचना की। उन्होंने अपना निजी उदारशील कला-पाठ्यक्रम तैयार किया।

एक प्रकार से उन्होंने पुरातन ज्ञान तथा रोमन शिक्षा–पद्धति को मान्यता प्रदान की।

आगस्टाइन ने मूर्तिपूजक धर्म की आलोचना की। वह मूर्तिपूजा के घोर आलोचक थे। किंतु अनजाने में उन्होंने दर्शन, अलंकारशास्त्र तथा पुरातन ज्ञानोपार्जन और यहाँ तक कि सौंदर्यशास्त्र के तत्त्वों को भी अपने लेखों में स्थान दिया।

विक्टोरिया उकोलोवा का विचार है : "और समूचे मध्ययुग में यूरोप पर छाई रहनेवाली नवीन ईसाई संस्कृति के निर्माता के रूप में वह पुरातनता की परंपरा के एक निश्चित अंश को आत्मसात् करने के लिए उत्सुक थे ताकि एक नए बौद्धिक तथा सांस्कृतिक समन्वय के लक्ष्य को प्राप्त किया जा सके।

आगस्टाइन ने मूर्तिपूजक धर्म की आलोचना की। वह मूर्तिपूजा के घोर आलोचक थे। किंतु अनजाने में उन्होंने दर्शन, अलंकारशास्त्र तथा पुरातन ज्ञानोपार्जन और यहाँ तक कि सौंदर्यशास्त्र के तत्त्वों को भी अपने लेखों में स्थान दिया।

"आगस्टाइन की विविधता ने आध्यात्मिक जीवन की सापेक्षत: ऐसी उदार पद्धति के लिए मार्ग प्रशस्त किया जिसमें पुरातन परंपरा ज्ञानोपार्जन, दार्शनिक, युक्तिसंगतता तथा काव्यात्मकता के लिए अजस्र स्रोत सिद्ध हुई—

"पुरातन संस्कृति की ओर आगस्टाइन ने जो गहन ध्यान दिया है··· वह यथासमय 12वीं शती के कैरोलिंजियाई पुनर्जागरण, दार्शनिकों तथा कवियों की प्रगतिशील प्रवृत्तियों के लिए ऐसा आवर्धक लेंस सिद्ध हुआ जो परातनता को उनके और अधिक निकट लाया। निश्चय ही वह काफी अनगढ़ आवर्धक लेंस था और कभी–कभी उसने जीवन को उसकी वास्तविक छवि से कहीं बड़े व छोटे और नीरस रूप में प्रस्तुत किया।

किंतु वह प्रमुख बात नहीं थी, क्योंकि इसके फलस्वरूप पुरातनता का समावेश मध्ययुगीन संस्कृति में हुआ और वह पीढ़ियों के मध्य ऐसा संपर्क सिद्ध हुआ जिसने अपने असाधारण तथा परस्पर-विरोधी अस्तित्व से सच्चे पुनर्जागरण के लिए मार्ग प्रशस्त किया।"

प्रारंभिक मध्ययुगीन कालों में कला में मूर्ति-पूजा की प्रवृत्तियाँ बनी रहीं। संपूर्ण मध्ययुगीन शिक्षा-पद्धति अधिकांशतः उत्तरवर्ती पुरातन विचारधाराओं जैसे स्तंभों पर टिकी थी जिनको समुचित रूप से ईसाई बौद्धिक पर्यावरण के अनुकूल अपनाया गया था। साहित्य में भी उत्तरवर्ती पुरातन परंपराओं का एक प्रकार का समावेश हुआ।

प्रारंभिक मध्ययुगीन कालों में कला में मूर्ति-पूजा की प्रवृत्तियाँ बनी रहीं। संपूर्ण मध्ययुगीन शिक्षा-पद्धति अधिकांशतः उत्तरवर्ती पुरातन विचारधाराओं जैसे स्तंभों पर टिकी थी जिनको समुचित रूप से ईसाई बौद्धिक पर्यावरण के अनुकूल अपनाया गया था। साहित्य में भी उत्तरवर्ती पुरातन परंपराओं का एक प्रकार का समावेश हुआ।

तीसरी तथा चौथी शताब्दी के नव प्लेटोवाद ने मध्ययुग को ऐसे विचार दिये जो सदैव रूढ़िवादी ईसाइयत से मेल नहीं खाते थे। तापसी आदर्श की खोज का सूत्रपात भी ईसाई-विरोधी जुलियन ने किया।

विश्वव्यापी राज्य के रोमन सपने का प्रभाव जनमानस पर छाया रहा। कार्लमैग्ने का साम्राज्य, पवित्र रोमन साम्राज्य, स्लावों की तृतीय रोम योजना और अंततः पोप (महान् पोप ग्रेगरी) की धर्मतंत्रीय महत्त्वाकांक्षाएँ रोमन राज्य के इसी आदर्श से प्रेरित थीं।

जब ईसाइयत राज्य-पंथ बन गई, उसके बाद भी रोमन संस्कृति तथा रोमन संस्थानों का प्रभाव बना रहा। संक्रमण तथा परस्पर आबद्धता का यह काल कुछ सदियों तक चलता रहा। जन-पर्वों की उल्लासपूर्ण

भावनात्मक एवं कलात्मक प्रकृति तथा गैर-ईसाई कलाओं की चमक-दमक का नीरस ईसाइयत की कष्टपूर्ण तपश्चर्या तथा धर्मांधता से सीधा विरोध था। खड्ग-युद्ध, सर्कस तथा अन्य रंगमंचीय प्रदर्शनों, घुड़दौड़ों, हाथियों तथा मगरमच्छों के प्रदर्शनों में लोगों की रुचि बनी रही।

विजयी चर्च होमर की उस स्वर्ण-शृंखला को नहीं तोड़ सका, जिसने भूतल को स्वर्ग से, पुरातनता को मध्य युगों से, पुरातनता को पुनर्जागरण से, पुरातनता को नवजात राष्ट्रीय संस्कृतियों से तथा पुरातनता को वर्तमान काल से जोड़ा।

विजयी चर्च होमर की उस स्वर्ण-शृंखला को नहीं तोड़ सका, जिसने भूतल को स्वर्ग से, पुरातनता को मध्य युगों से, पुरातनता को पुनर्जागरण से, पुरातनता को नवजात राष्ट्रीय संस्कृतियों से तथा पुरातनता को वर्तमान काल से जोड़ा।

ग्रेगरी ने संगीत के ऐसे व्यापक उपयोग का शुभारंभ किया, जिसमें विभिन्न राष्ट्रों के गायन तथा गैर-ईसाई धुनों की झलक पाई जाती थी।

एम्ब्रोज उत्तरवर्ती रोमन छंदशास्त्र की अलंकारपूर्ण भाषा तथा जटिलता से घृणा करते थे।

ईसाई लेखकों ने पुरातन साहित्य में संतों के जीवन से तथा अंशतः बर्बर जातियों के मिथकों से अनेक चमत्कार उधार लिये। ग्रेगरी ने भी ऐसा ही किया।

धीरे-धीरे ईसाइयत ने पुरातन मूर्ति-पूजावाद तथा बर्बर पूजावाद को अपने में रचा-पचा लिया। अपने 'मोरालिया' में ग्रेगरी ने भी पुरातन छंदशास्त्र, पुरातन व्याकरण तथा पुरातन दर्शन की उपेक्षा नहीं की।

ईसा-पूर्व के प्रतिभाशाली दिग्गज ईसाई जगत् पर प्रभाव डालते रहे, भले ही अपने 'मोरालिया' तथा 'डायलॉग्ज' (संवादों) (590-604) के लिए प्रख्यात पोप ग्रेगरी जैसे ईसाई पादरियों ने उनके विरुद्ध विद्रोह का झंडा खड़ा किया। 'संवादों' में पूछा गया—"वैयाकरणों

की क्या सार्थकता हो सकती है ? क्या वे मार्गदर्शन के स्थान पर हमारे मानस को भ्रष्ट नहीं करते ? पाइथागोरस, सुकरात, प्लेटो तथा अरस्तू जैसे दार्शनिकों का वाग्छल हमारा क्या प्रयोजन सिद्ध कर सकता है ? होमर, विर्जिल तथा मीनेंडर जैसे अपावन कवियों के गीत हमारे लिए किस काम के हो सकते हैं ? मैं पूछता हूँ कि सैलस्ट, हेरोडोटस, लिवी तथा अन्य गैर-ईसाई इतिहासकार ईसाई परिवार का क्या हित कर सकते हैं ? क्या ग्रैक्कस, लिसियस, डेमोस्थनीज तथा टुलियस की वाग्मिता ईशु के पावन वचनामृत से स्पर्धा कर सकती है ? फ्लैक्कस, सोलिनस, वार्रो, प्लाटस तथा सिसेरो की बेतुकी युक्तियाँ हमारे लिए किस काम की हैं ?"

महत्त्वक्रम में आगस्टाइन के बाद ग्रेगरी का नाम आता है। वह छठी शती के अंतिम भाग में और 7वीं शती के प्रारंभ में प्रसिद्धि के पालने में झूले।

भले ही अंदर से ग्रेगरी मूर्ति-पूजावाद को मिटाना चाहते थे, पर उन्होंने पुरातन पांथिक अनुष्ठानों तथा रूढ़िगत समारोहों को करने की अनुमति दी। उन्होंने स्थानीय तथा जनजातीय लोगों के प्राचीन देवी-देवताओं के पवित्र स्थलों की पवित्रता को यथावत् बनाए रखा और उनमें गिरजाघरों की स्थापना की।

भले ही अंदर से ग्रेगरी मूर्ति-पूजावाद को मिटाना चाहते थे, पर उन्होंने पुरातन पांथिक अनुष्ठानों तथा रूढ़िगत समारोहों को करने की अनुमति दी। उन्होंने स्थानीय तथा जनजातीय लोगों के प्राचीन देवी-देवताओं के पवित्र स्थलों की पवित्रता को यथावत् बनाए रखा और उनमें गिरजाघरों की स्थापना की।

ग्रेगरी के काल में ही रोम, जो कभी सम्राटों का महानगर था, सेंट पीटर के रोम में परिणत हुआ और समूचे ईसाई जगत् की राजधानी होने

का दावा करने लगा (पोप की गद्दी की स्थापना 'देवदूत' पीटर ने की थी)।

प्रत्यक्ष है कि ईसाइयत पर ईसा-पूर्व के रोमन तथा बर्बर मूर्ति-पूजावाद का प्रभाव पड़ा। 13वीं शती में अरबी संस्कृति तथा पुनर्जागरण से उसका संपर्क हुआ। प्लेटो, अरस्तू, होमर, विर्जिल, ओविड, टालेमी तथा हिप्पोक्रेटिस ने यूरोप को पुनर्जागरण के द्वार तक पहुँचाया। उसने विश्व को एक नव-दर्शन, मूल्यों तथा विचारों की एक नई पद्धति और एक नवीन कलात्मक भाषा प्रदान की।

पुनर्जागरण

> ***औद्योगिक क्रांति से पूर्व यूरोप के इतिहास में सर्वाधिक महत्त्वपूर्ण काल पुनर्जागरण (रिनैसांस) का रहा है। अंग्रेजी शब्द रिनैसांस (Renaissance) का अर्थ है पुनर्जन्म (re-birth) और इसका प्रयोग समूचे पश्चिमी जगत् के पुनरुत्थान के संदर्भ में किया जाता है।***

औद्योगिक क्रांति से पूर्व यूरोप के इतिहास में सर्वाधिक महत्त्वपूर्ण काल पुनर्जागरण (रिनैसांस) का रहा है। अंग्रेजी शब्द रिनैसांस (Renaissance) का अर्थ है पुनर्जन्म (re-birth) और इसका प्रयोग समूचे पश्चिमी जगत् के पुनरुत्थान के संदर्भ में किया जाता है। पुनर्जागरण का एक अंश 'पुनर्जागरण' का वह काल था, जिसमें 14वीं, 15वीं तथा 16वीं शतियों में इटली तथा पश्चिमी जगत् में शैक्षिक, साहित्यिक तथा कलात्मक पुनरुत्थान हुआ। वह इटली से प्रभावित था। पुनर्जागरण शास्त्रीय कला तथा ज्ञान के उत्खनन के कारण हुआ पुनरुत्थान था; किंतु यह तो यूरोपीय क्षमता एवं ऊर्जा के कहीं अधिक व्यापक तथा अधिक जटिल पुनरुत्थान का केवल एक घटक था। (पुनरुत्थान की यह कालावधि सुधार की उस कालावधि की लगभग

समसामयिक है, जिसमें मुख्यतः चर्च के भीतर 'सुधार' की प्रधानता रही है। असीसी के संत फ्रांसिस इसके अग्रदूत थे। इसी सुधार काल में लोयोला के संत इग्नैशियस ने 'सोसाइटी ऑफ जीसस' की स्थापना की।) यह वस्तुतः एक बहुआयामी प्रस्फुटन-काल था।

एक ओर जहाँ 14वीं शती में प्लेग की महामारी फैली, इंग्लैंड, फ्रांस तथा जर्मनी के कृषक-युद्ध हुए, पश्चिमी यूरोप में श्रमिक वर्गों के आंदोलन हुए और धार्मिक विद्रोहियों तथा सच्चे हुतात्माओं के संघर्ष की परंपरा बनी, वहीं दूसरी ओर 14वीं शती में लाभकर कागज तैयार किया जाने लगा, 15वीं शती में छपाई प्रारंभ हो गई तथा स्थानीय बोलियों के स्थान पर विभिन्न प्रदेशों की मानक साहित्यिक भाषाओं के उपयोग द्वारा यूरोपीय साहित्य का श्रीगणेश हुआ।

एक ओर जहाँ 14वीं शती में प्लेग की महामारी फैली, इंग्लैंड, फ्रांस तथा जर्मनी के कृषक-युद्ध हुए, पश्चिमी यूरोप में श्रमिक वर्गों के आंदोलन हुए और धार्मिक विद्रोहियों तथा सच्चे हुतात्माओं के संघर्ष की परंपरा बनी

ईसा-पूर्व पुरातनता की परंपरा से उस जड़ तथा तने का निर्माण हुआ जिस पर यूरोप की समस्त राष्ट्रीय संस्कृतियों की कलमें लगाई गईं। छठी शती के अंतिम असाधारण गैर-ईसाई दार्शनिक बोएथियस जैसे 'अंतिम रोमन' पुरातनता की ऐसी सांस्कृतिक निधियों के कुशल रखवाले थे यथा—अनगिनत अति विशिष्ट तथा सुंदर भवनों, कैथेड्रलों (धर्मपीठों), मठों, नगरीय गॉथिक चर्चों, नगर-भवनों तथा सशक्त मीनारोंवाले दुर्गों का प्रसूनों की भाँति प्रस्फुटन और पुरातन कला के पुनः अन्वेषण, पुनरुद्धार एवं अनुकरण के केंद्र के रूप में फ्लोरेंस का अभ्युदय।

पुनर्जागरण-काल में पश्चिमी यूरोप में यशस्वी नामों के ऐसे

नक्षत्र-मंडल का उदय हुआ, जो यूनान (ग्रीस) के सर्वोत्तम युग के श्रेष्ठ वैज्ञानिक दिग्गजों को भी निष्प्रभ कर देते हैं। लियोनार्दो दा विंची (1452-1519), कोपरनिकस (1473-1543), त्येहो ब्राहे (1546-1601), केपलर (1571-1630), गिल्बर्ट (1540-1603), गैलीलियो गैलिली (1564-1642) ऐसे ही कुछ देदीप्यमान नाम हैं।

जीसस के मूल वचनों या उपदेशों में ऐसा कुछ नहीं था जिसका विरोध नव अन्वेषित सत्यों से होता। किंतु अधिकृत ईसाइयत ने सेंट पॉल के अपने संदेश-पत्रों में व्यक्त दृष्टिकोण को अंगीकार किया यद्यपि ईसा के उपदेशों (गॉस्पेल्स) में उसका कोई प्रमाण नहीं मिलता।

ललित कलाओं के 'साधक' थे—लियोनार्दो दा विंची, फिलिप्पो लिप्पी, बोत्तिसेल्ली, डोनातेल्लो, माइकल एंजेलो तथा रैफेल।

यह है उत्पत्ति-गाथा उस विकास की जिसे अब यूरोपीय संस्कृति, यूरोपीय विज्ञान तथा यूरोपीय कला कहा जाता है, यद्यपि बाद में पश्चिमी सभ्यता के अंग के रूप में यूरोप ने विकास के लंबे-लंबे डग भरे हैं और वह न्यूटनी विज्ञान से चलकर औद्योगिक क्रांति का पथ पार करके द्वितीय औद्योगिक क्रांति के बाद के आधुनिक काल तक पहुँच गया है।

नव ज्ञान

स्वाभाविक है कि मानव के ज्ञान में होनेवाली प्रत्येक मूल्यवान् वृद्धि विचार पद्धतियों पर भी प्रभाव डालती है।

जीसस के मूल वचनों या उपदेशों में ऐसा कुछ नहीं था जिसका विरोध नव अन्वेषित सत्यों से होता। किंतु अधिकृत ईसाइयत ने सेंट पॉल के अपने संदेश-पत्रों में व्यक्त दृष्टिकोण को अंगीकार किया यद्यपि ईसा के उपदेशों (गॉस्पेल्स) में उसका कोई प्रमाण नहीं मिलता। पॉल ने

अरस्तू के उन सिद्धांतों की निरख-परख का कोई कष्ट नहीं उठाया, जो उनके काल में प्रचलित थे। ईसाइयत ने अपना महल पॉल के सिद्धांतों पर खड़ा किया, जीसस के आदेशों पर नहीं।

गैलीलियो को अपनी इस दृढ़ उक्ति को बदलने पर बाध्य किया गया कि पृथ्वी सूर्य की परिक्रमा करती है, क्योंकि ऐसी कोई शंका कि यह जगत् ब्रह्मांड का मध्य नहीं है, ईसाइयत की सत्ता एवं प्रभुता पर भीषण कुठाराघात करती दीख पड़ती थी।

डार्विन की कृतियों 'ओरिजिन ऑफ स्पेसीज बाई मीन्स ऑफ नेचुरल सेलेक्शन' (नैसर्गिक वरण के माध्यम से प्रजातियों का उद्गम) तथा 'डिसेंट ऑफ मैन' (मानव का अवतरण) ने ईसाइयत, प्रथम पाप की उसकी कहानी तथा प्रायश्चित्त के उसके तर्क को बुरी तरह झकझोर दिया।

जब आइंस्टीन ने सिद्ध कर दिया कि पदार्थ को ऊर्जा में और ऊर्जा को पदार्थ में बदला जा सकता है, तो उन्होंने न्यूटनी विज्ञान के आधार पर खड़े भौतिकवाद की नींव को ही हिलाकर रख दिया। उसके बाद भौतिकवाद पर आधारित विचारधाराओं की साख अलग-अलग अंशों में गिर गई।

जब आइंस्टीन ने सिद्ध कर दिया कि पदार्थ को ऊर्जा में और ऊर्जा को पदार्थ में बदला जा सकता है, तो उन्होंने न्यूटनी विज्ञान के आधार पर खड़े भौतिकवाद की नींव को ही हिलाकर रख दिया। उसके बाद भौतिकवाद पर आधारित विचारधाराओं की साख अलग-अलग अंशों में गिर गई।

विशेषज्ञों का यह सुविचारित मत है कि यदि आधुनिक प्रौद्योगिकी पर प्रौद्योगिकीय लोकपालों ने अंकुश नहीं लगाया तो वह न केवल सृजन तथा संहार की प्रणालियों को परिवर्तित करेगी अपितु वस्तुतः एक नितांत

नवीन सभ्यता का सूत्रपात कर देगी और मानव-मस्तिष्क उसके साथ कदम-से-कदम मिलाकर नहीं चल सकेगा।

चंद्रमा पर पहली बार मानव के चरण पड़ने का स्वागत करते हुए अपने संपादकीय में जी.टी. मधोलकर ने यह आशंका व्यक्त की कि यद्यपि अंतरिक्ष में और आगे अन्वेषण तथा विजय का मानव का अभियान स्वयं में अति श्लाघ्य है, फिर भी वह उस भाव-प्रवण साहित्य और कला को गंभीर क्षति पहुँचाएगा जिसमें चंद्र और तारों का गौरवपूर्ण स्थान रहा है।

कहाँ हिंदू पुनर्जागरण, कहाँ यूरोपीय पुनर्जागरण

यहाँ इस बात पर आग्रहपूर्वक बल देना ही होगा कि हिंदू पुनर्जागरण की प्रकृति यूरोपीय पुनर्जागरण की प्रकृति से नितांत भिन्न होगी।

जेम्स एच. कोजिन्स ने अपनी कृति 'द रिनैसांस इन इंडिया' (भारतीय पुनर्जागरण) में यह प्रश्न उठाया है कि क्या भारत के संदर्भ में 'पुनर्जागरण' शब्द की कोई सार्थकता है भी ? क्योंकि भारत तो सदा-सर्वदा जागृत रहा है और उसे पुनर्जागरण की तो कोई आवश्यकता ही नहीं पड़ी।

जेम्स एच. कोजिन्स ने अपनी कृति 'द रिनैसांस इन इंडिया' (भारतीय पुनर्जागरण) में यह प्रश्न उठाया है कि क्या भारत के संदर्भ में 'पुनर्जागरण' शब्द की कोई सार्थकता है भी ? क्योंकि भारत तो सदा-सर्वदा जागृत रहा है और उसे पुनर्जागरण की तो कोई आवश्यकता ही नहीं पड़ी।

'पुनर्जागरण' (रिनैसांस) शब्द को भारतीय संदर्भ में समझा जाना चाहिए। यह सच है कि "यह शब्द हमें यूरोपीय संस्कृति के उस संक्रमण-बिंदु का स्मरण कराता है जिसके संदर्भ में पहले-पहल इसका प्रयोग किया गया था; वास्तव में वह उतना पुनर्जागरण नहीं था जितना

कि उलट-पलट और प्रत्यावर्तन था। वह तो ईसाइयत, ट्यूटानियत और सामंतवाद से त्रस्त यूरोपवासी का पुरानी ग्रीक लैटिन भावना और रूप के बंधन में बँध जाना था, जिसके साथ उससे उद्भूत जटिल और महत्त्वपूर्ण प्रतिफलों का पूरा समूह था। निश्चय ही यह उस प्रकार का पुनर्जागरण नहीं है, जो भारत में किंचित् भी संभव है।"

श्री अरविंद के अनुसार, आध्यात्मिकता ने ही भारत की नियति की हर कठिन घड़ी में सदैव उसकी रक्षा की और वही उसके पुनर्जागरण का उद्गम-स्रोत भी रही है। वैसे दबाव में किसी भी अन्य राष्ट्र का तो आत्मा ही नहीं अपितु शरीर भी नष्ट हो जाता।

श्री अरविंद के अनुसार, आध्यात्मिकता ने ही भारत की नियति की हर कठिन घड़ी में सदैव उसकी रक्षा की और वही उसके पुनर्जागरण का उद्गम-स्रोत भी रही है। वैसे दबाव में किसी भी अन्य राष्ट्र का तो आत्मा ही नहीं अपितु शरीर भी नष्ट हो जाता।

'18वीं तथा 19वीं शतियों में अपनी पराकाष्ठा पर पहुँची महान् अवनति' का उल्लेख करते हुए श्री अरविंद ने उस काल के बारे में कहा है कि "वह तो सांध्य काल है, जहाँ से कालचक्र की भारतीय अवधारणा के अनुसार एक नवयुग का श्रीगणेश होना है।" वे कहते हैं, "यही वह घड़ी थी और उसके बाद ऊपर से थोपी गई यूरोपीय संस्कृति का दबाव था जिसने पुनर्जागरण को आवश्यक बना दिया।"

श्री अरविंद का कहना है, "जब भारत का पुनर्जागरण पूर्ण हो जाएगा तो निश्चय ही यहाँ जागरण होगा, परंतु वह पाशविक (जर्मन) प्रकार का नहीं वरन् कहीं आश्चर्यजनक होगा और भारतीयता की सच्ची प्रकृति तथा क्षमता के अनुरूप होगा।"

संस्कृति की प्रकृति

हमें न तो 'कल्चर', 'सभ्यता' (सिविलाइजेशन) और 'संस्कृति' शब्दों के गुणार्थ के बारे में पांडित्यपूर्ण चर्चा करनी है और न ही इस दृष्टिकोण का अनुमोदन करना है कि 'संस्कृति' की भाँति 'कल्चर' के बारे में सार्वदेशिक स्वरूप की धारणा होनी चाहिए। हमें तो इस तथ्य को स्वीकार करना है कि बोलचाल की भाषा में 'कल्चर' (संस्कृति) किसी समाज के मानस पर पड़नेवाले प्रभावों की ऐसी प्रवृत्ति का द्योतक है, जो विशेष रूप से उसकी अपनी होती है और पुनः जो उसके समूचे इतिहास में उसके भावों, उद्वेगों, विचार, वाणी और कर्म का संयुक्त संचित प्रभाव होती है।

अतः प्रत्येक 'कल्चर' (संस्कृति) का मानवीय गतिविधि के प्रत्येक क्षेत्र पर अपना विशिष्ट प्रभाव पड़ता है। यह ठीक ही कहा गया है कि सांस्कृतिक मतभेद उस रीति से उपजते हैं जिससे सामाजिक अनुभव का विश्लेषण और विवेचन करके उसे संकल्पनाओं, प्रतीकों, मूल्यों, दृष्टिकोणों तथा मनोवृत्तियों के रूप में ढाला जाता है। संस्कृति विशिष्ट सामाजिक आत्मचेतना है। यथा, इस तथ्य के होते हुए भी कि पाश्चात्य संगीत में स्वरसंगीत या सहस्वरिकता (हार्मनी) के उपयोग से बहुत पहले वैदिक ऋचाओं का स्वरसंगतियुक्त समवेत गान भारत के ऋषि-मुनियों के आश्रमों में गूँजता था, यह स्वीकार करना ही होगा

अतः प्रत्येक 'कल्चर' (संस्कृति) का मानवीय गतिविधि के प्रत्येक क्षेत्र पर अपना विशिष्ट प्रभाव पड़ता है। यह ठीक ही कहा गया है कि सांस्कृतिक मतभेद उस रीति से उपजते हैं जिससे सामाजिक अनुभव का विश्लेषण और विवेचन करके उसे संकल्पनाओं, प्रतीकों, मूल्यों, दृष्टिकोणों तथा मनोवृत्तियों के रूप में ढाला जाता है।

कि भारतीय संगीत पाश्चात्य संगीत से इस दृष्टि से भिन्न है कि उसमें सहस्वरिकता के लिए कोई स्थान नहीं है, जबकि सहस्वरिकता पाश्चात्य संगीत का अनिवार्य अंग है। भारतीय संगीत का स्वरूप सुरीला रागात्मक होता है और वह भाव की सहज भाषा को व्यक्त करता है। सहस्वरिकता राग को गहनता प्रदान करके उसे सजाती-सँवारती है और उसमें चार चाँद लगा देती है। एक विशेषज्ञ के अनुसार, पाश्चात्य संगीत में समवेत सहस्वरिकता के भाव तथा भारतीय संगीत में उसके अभाव का कारण इन भागों में रहनेवाले लोगों का स्वभाव ही हो सकता है। भारतीय को अपने पड़ोसी की अपेक्षा अनंत से नाता जोड़ना अधिक सरल लगता है। भारतीय संगीत का प्रयोजन है, 'आत्मा को शुद्ध किया जाए, तन पर अनुशासन का अंकुश लगाया जाए, अपने भीतर स्थित अनंत के प्रति संवेदनशीलता उत्पन्न की जाए, अपने श्वास की डोर को अंतरिक्ष के श्वास की डोर से और अपने स्पंदनों को ब्रह्मांड के स्पंदनों से जोड़ा जाए।' प्राय: भारतीय लोग बाह्य समूहों की अपेक्षा अपने परिवार के बारे में अधिक चिंता करते हैं। इन सब कारणों से भारतीय संगीतज्ञ अपेक्षाकृत एकल गायक-वादक होता है, न कि दूसरों के साथ मिलकर संगत करनेवाला वादक, जैसा कि पाश्चात्य संगीत के बड़े-बड़े वाद्य-वृंदों के छोटे-छोटे समूह करते हैं। मुख्यत: एकल वादक होने के नाते इस कला-मर्मज्ञ की एक विशेषता होती है—आशु संगीत-प्रदर्शन का अपूर्व कौशल।

भारतीय संगीत का प्रयोजन है, 'आत्मा को शुद्ध किया जाए, तन पर अनुशासन का अंकुश लगाया जाए, अपने भीतर स्थित अनंत के प्रति संवेदनशीलता उत्पन्न की जाए, अपने श्वास की डोर को अंतरिक्ष के श्वास की डोर से और अपने स्पंदनों को ब्रह्मांड के स्पंदनों से जोड़ा जाए।'

इसके विपरीत यूरोपवासी की इच्छा रही है व्यक्तियों को समुदायों में परिणत करना। इस प्रक्रिया में वह अपनी स्वाधीनता का बलिदान करने को तत्पर रहता है। इसे उसके अपने जीवन में स्पष्ट रूप से देखा जा सकता है, फिर चाहे वह पूजा-अर्चना का क्षेत्र हो या कार्य का, सामाजिकता का हो या संगीत का, जहाँ वाद्य-वृंदों की प्रधानता रहती है। वाद्य-वृंदों या गायन-वृंदों में किसी भी वाद्य या स्वर की स्वतंत्रता एक सीमा तक ही होती है। उसे अन्य स्वरों की उपस्थिति को ध्यान में रखना पड़ता है और अपने स्वर को समूह के अन्य स्वरों से मिलाना होता है। भारतीय संगीत में समूह में विद्यमान व्यक्ति भी "एकल वादक या गायक ही रहते हैं और कदापि किसी समवेत अभिव्यक्ति में संलीन नहीं होते।" अतः वाद्य-वृंद भारतीय संगीत की प्रकृति के अनुकूल नहीं होते।

भारत का सामाजिक इतिहास पश्चिम के इतिहास से भिन्न है। भारतीय इतिहास की एक नितांत भिन्न लय और ताल है। पश्चिम में सामाजिक परिवर्तन अधिक द्रुतगति से और कभी-कभी तो क्रांतिकारी ढंग से हुए हैं।

'रिपब्लिक' में प्लेटो ने कहा है कि "संगीत की शैली का परिवर्तन संस्कृति में मूल परिवर्तन का आभास देता है।"

'द मीनिंग एंड प्रोसेस ऑफ कल्चर' (संस्कृति का अर्थ तथा उसकी प्रक्रिया) में प्रो. गोविंदचंद्र पांडे ने कहा है, "भारत का सामाजिक इतिहास पश्चिम के इतिहास से भिन्न है। भारतीय इतिहास की एक नितांत भिन्न लय और ताल है। पश्चिम में सामाजिक परिवर्तन अधिक द्रुतगति से और कभी-कभी तो क्रांतिकारी ढंग से हुए हैं। सामाजिक जीवन के विकास में राज्य ने सर्वाधिक प्रभावी भूमिका निभाई है और सत्ता के लिए संघर्ष अधिक तीखा तथा अधिक व्यापक रहा है। वैचारिक प्रतिबद्धता की

पराकाष्ठा रही है और मतभेद तथा विरोध के प्रति सहिष्णुता अल्पतम। तर्कसंगतता के अपने पागलपन में पश्चिमी विचारधारा ने लोकाचार तथा अभिवृत्तियों की असंगतियों को ऐसे असाध्य अंतर्विरोधों का रूप दे दिया है, जो निरंकुश चयन की अपेक्षा करते हैं। दूसरी ओर भारतीय मानस ने प्रयास किया है कि सामाजिक संबंधों का विनियमन अमूर्त कारण से नहीं अपितु सहज ज्ञान तथा सहानुभूति से किया जाए। नई चुनौतियों का सामना करने के लिए उसने पुराने समाधानों में सुधार-संशोधन किए हैं, उन्हें अस्वीकार नहीं किया है।

पश्चिमी मानववाद ने प्रकृति पर मानव की सत्ता पर बल दिया है और उसे अपनी इच्छापूर्ति का साधन बताया है। भारतीय मानववाद ने 'जियो और जीने दो' का सहिष्णु दर्शन अपनाया है। प्रकृति पर विजय के अभियान के स्थान पर उसने एक स्तर पर प्रकृति से समन्वय के और दूसरे स्तर पर उससे मुक्ति के आदर्श को मान्यता दी है।

"पश्चिमी मानववाद ने प्रकृति पर मानव की सत्ता पर बल दिया है और उसे अपनी इच्छापूर्ति का साधन बताया है। भारतीय मानववाद ने 'जियो और जीने दो' का सहिष्णु दर्शन अपनाया है। प्रकृति पर विजय के अभियान के स्थान पर उसने एक स्तर पर प्रकृति से समन्वय के और दूसरे स्तर पर उससे मुक्ति के आदर्श को मान्यता दी है। सत्ता के माध्यम से मुक्ति के स्थान पर उसने आत्म निग्रह के माध्यम से मुक्ति का प्रयास किया है। पश्चिम में उपासना-पद्धति (रिलीजन) का अर्थ रहा है संगठित या संस्थागत रूढ़ि से संलग्न होना और इस प्रकार समूह से एकरूप हो जाना। भारत में सदा ही ऐसी अति सशक्त परंपरा रही है जिसमें धर्म की विशिष्ट तथा परा-सामाजिक प्रकृति पर बल दिया गया है। पश्चिमी समाज की परंपरा में 'सभ्यता की तकनीकी व्यवस्था' वाली नगर-जीवन शैली

की प्रधानता रही है। पश्चिम का इतिहास एथेंस तथा अलेक्जेंड्रिया, रोम तथा कुस्तुंतुनिया, पेरिस तथा लंदन का इतिहास है। उसमें सामाजिक तथा राजनीतिक रूप में संक्रमण का एक सुचिह्नित कालक्रम रहा है। अतः उसका सहज काल-विभाजन किया जा सकता है। दूसरी ओर भारत की सामाजिक तथा सांस्कृतिक परंपरा में प्राचीनता तथा नवीनतम रूप साथ-साथ चलते रहे हैं और यह तारतम्य प्रागैतिहासिक काल तक बना हुआ है। रूढ़िवाद के साथ-साथ अतीत की पुनर्व्याख्या करने की तत्परता ने क्रांतियों के मार्ग को अवरुद्ध किया है और वर्ण-व्यवस्था ने वर्ग-वैमनस्यों तथा (वर्ग) संघर्षों को पनपने नहीं दिया है। भारतीय समाज के इतिहास को स्पष्टतः विभक्त कालखंडों की अपेक्षा परस्परव्यापी कालखंडों में अधिक सहजता से विभाजित किया जा सकता है। वह समग्र प्रगति तथा एकता की परिधि में आश्चर्यजनक तारतम्य तथा विविधता की छवि प्रस्तुत करता है।”

भारतीय समाज के इतिहास को स्पष्टतः विभक्त कालखंडों की अपेक्षा परस्परव्यापी कालखंडों में अधिक सहजता से विभाजित किया जा सकता है। वह समग्र प्रगति तथा एकता की परिधि में आश्चर्यजनक तारतम्य तथा विविधता की छवि प्रस्तुत करता है।

श्री अरविंद ने इस बिंदु को बड़े ही विश्वासजनक ढंग से प्रस्तुत किया है। यथा, कला के क्षेत्र में उन्होंने कहा है, “पश्चिमी मानस रूप या आकार के आकर्षण-जाल में फँसा हुआ है। वह उससे चिपटा रहता है और उसके मोहपाश से मुक्त नहीं हो सकता। वह रूप के अपने सौंदर्य के कारण उसके प्रति आसक्त रहता है। वह उन भावनात्मक, बौद्धिक, सौंदर्यात्मक संवेदनाओं पर निर्भर रहता है जो सीधे उसकी अति मूर्त भाषा से उपजती हैं। वह आत्मा को तन तक सीमित रखता है। कुछ ऐसा कहा जा सकता है कि इस मानस

के लिए रूप भाव का सृजन करता है। अपने अस्तित्व तथा हर प्रकार की अभिव्यक्ति के लिए भाव रूपाकृति की बैशाखी चाहता है। इस संबंध में भारतीय दृष्टिकोण इसके सर्वथा विपरीत है। भारतीय मानस की दृष्टि में रूप का कोई अलग अस्तित्व नहीं है। वह तो भाव का सृजन है और वह अपनी संपूर्ण सार्थकता तथा मूल्य भाव से ग्रहण करता है। प्रत्येक रेखा, आकार-व्यवस्था, रंग, रूप, मुद्रा, प्रत्येक शारीरिक हाव-भाव, चाहे वह कितने भी अनगिनत, कितना भी विविध, संकुल तथा प्रचुर हो, मूलतः और अंततः एक सुझाव, एक संकेत और बहुधा एक प्रतीक भर होता है। उसका प्रमुख प्रयोजन होता है कि वह एक ऐसे आध्यात्मिक भाव, विचार, छवि के लिए आधार प्रस्तुत करता है, जो पुनः अपने से कहीं परे उस अल्प वचनीय पर कहीं अधिक सशक्त रूप से संवेदनीय भाव की वास्तविकता तक पहुँच जाता है, जिसने सौंदर्य-पारखी मानस में इन हाव-भावों का उद्दीपन करके उनके माध्यम से अर्थपूर्ण आकार ग्रहण किया है।"

"तुलना कीजिए। एक ओर वहाँ ठसाठस भरी कला-दीर्घाएँ और चित्रों से अतिरंजित दीवारें हैं तो दूसरी ओर यहाँ एकांत गुफाओं में स्थित मंदिरों में हमारी कलाकृतियाँ हैं। भारतीय मंदिर अपनी अंतरतम वस्तु-सत्ता में दिव्य आत्मा की वेदी है, ब्रह्मांडीय चेतना का आवास है, अनंत की स्तुति और आराधना है।"

तुलना कीजिए। एक ओर वहाँ ठसाठस भरी कला-दीर्घाएँ और चित्रों से अतिरंजित दीवारें हैं तो दूसरी ओर यहाँ एकांत गुफाओं में स्थित मंदिरों में हमारी कलाकृतियाँ हैं। भारतीय मंदिर अपनी अंतरतम वस्तु-सत्ता में दिव्य आत्मा की वेदी है, ब्रह्मांडीय चेतना का आवास है, अनंत की स्तुति और आराधना है।

"प्राचीन तथा मध्ययुगीन भारत की मूर्तिकला का स्थान कलात्मक उपलब्धि के सर्वोच्च सोपान से भी उच्च स्तर पर है। खोजने पर भी इससे अधिक गहन उद्देश्यपूर्ण, अधिक भावपूर्ण तथा उपलब्धि के सतत कौशल से अधिक परिपूर्ण मूर्तिकला हमें नहीं मिल सकेगी। मूर्तिकला की सर्वांगपूर्ण कलाकृतियों का दो सहस्राब्दियों का प्रामाणिक इतिहास किसी देश के जीवन का दुर्लभ तथा श्लाघ्य तथ्य है। इसका कारण यह है कि लोगों के धार्मिक, दार्शनिक तथा सौंदर्यप्रेमी मानस के बीच घना संबंध रहा है। भारतीय मूर्तिकला की महानता यह है कि प्रस्तर तथा कांस्य में उसने जिन भावों को व्यक्त किया है, उनकी यूनानी सौंदर्य-प्रेमी मानस अभिव्यक्ति तो क्या, कल्पना भी नहीं कर सका; और उसमें साकार हुई है समुचित परिप्रेक्ष्यों की अति गहन सूझबूझ तथा स्वदेशी परिपूर्णता।"

कला के विषय में पश्चिमी मानस चिरकाल तक उस यूनानी तथा पुनर्जागरण की परंपरा के बंधन में बंदी रहा जिसमें बाद की मानसिकता ने इतना भर परिवर्तन किया कि उसमें से बाहर जाने के लिए केवल दो पार्श्व-कक्ष रोमानी तथा यथार्थवादी प्रेरणाओं के उपलब्ध करा दिए, किंतु वे भी थीं तो उसी भवन की शाखाएँ।

"कला के विषय में पश्चिमी मानस चिरकाल तक उस यूनानी तथा पुनर्जागरण की परंपरा के बंधन में बंदी रहा जिसमें बाद की मानसिकता ने इतना भर परिवर्तन किया कि उसमें से बाहर जाने के लिए केवल दो पार्श्व-कक्ष रोमानी तथा यथार्थवादी प्रेरणाओं के उपलब्ध करा दिए, किंतु वे भी थीं तो उसी भवन की शाखाएँ।"

विश्व ने मूर्तिभंजकों के नग्न बर्बर विध्वंस को देखा है। मुस्लिमों ने गैर-मुस्लिमों की कला तथा वास्तुकला की कृतियों का मूढ़ विध्वंस किया। पुर्तगालियों ने बर्बरता से एलीफेंटा की मूर्तियों तथा निम्नोद्भूत

कलाकृतियों (नक्काशियों) को नष्ट किया। अल्लाह की फौजों ने अलेक्जेंड्रिया और नालंदा के प्रसिद्ध ग्रंथागारों को जलाकर भस्म कर दिया। इसके विपरीत देखिए उन सैकड़ों गुफा-मंदिरों को, जो हमारे युग की प्रारंभिक शतियों में जैनों, वेदानुयायियों तथा बौद्धों के लिए बनाए गए। खजुराहो में सदियों तक बड़े ही प्रेमभाव और सम्मान के साथ जैनों, वैष्णवों तथा शैवों के मंदिर साथ-साथ खड़े रहे। जेहादियों (पंथ-योद्धाओं) की संस्कृति के साये में तो इसकी कल्पना भी नहीं की जा सकती।

जब संस्कृति की शैली में परिवर्तन होते हैं तो उनके कारण भाषा में भी निरंतर परिवर्तन होता रहता है। भाषाओं पर सांस्कृतिक तत्त्वों का प्रभाव पड़ता है। और वे अपने ध्वन्यात्मक तथा संरचनात्मक बाह्यरूपों के अनुसार बदलती हैं। इसमें संदेह नहीं कि संस्कृति की प्रक्रिया में कतिपय मूलभूत संस्थाओं या प्रथाओं तथा वृत्तियों में अपेक्षाकृत अल्प परिवर्तन होते हैं और प्रायः पुराने अर्थों में से नए अर्थ निकाल लिये जाते हैं।

जब संस्कृति की शैली में परिवर्तन होते हैं तो उनके कारण भाषा में भी निरंतर परिवर्तन होता रहता है। भाषाओं पर सांस्कृतिक तत्त्वों का प्रभाव पड़ता है। और वे अपने ध्वन्यात्मक तथा संरचनात्मक बाह्यरूपों के अनुसार बदलती हैं। इसमें संदेह नहीं कि संस्कृति की प्रक्रिया में कतिपय मूलभूत संस्थाओं या प्रथाओं तथा वृत्तियों में अपेक्षाकृत अल्प परिवर्तन होते हैं और प्रायः पुराने अर्थों में से नए अर्थ निकाल लिये जाते हैं। किंतु अर्थ-परिवर्तन के क्षेत्र में हम असीम-सी संभावनाओं के क्षेत्र में पदार्पण करते हैं, क्योंकि वह सामान्य सांस्कृतिक परिवर्तन के समानांतर चलता है। सांस्कृतिक परिवर्तन के कारण विभिन्न प्रकार के वार्तालापों की आवृत्ति में परिवर्तन होता है

और उसका प्रभाव शब्दकोश अथवा भाषा में शब्दों की पुनरावृत्तियों पर पड़ता है। अतः शब्द अर्थहीन हो जाते हैं, नए शब्दों का प्रचलन होता है और पुनः एक संपूर्ण वितरण होता है। अर्थ-परिवर्तन की यह एक मूल प्रक्रिया है। शामी (सेमिटिक) भाषाओं की अपेक्षा भारोपीय (भारतीय यूरोपीय) भाषाओं में कहीं अधिक परिवर्तन हुए हैं, क्योंकि भारोपीय देशों में कहीं अधिक सांस्कृतिक परिवर्तन हुए हैं।

दर्शन के बारे में भी यही स्थिति है। यहाँ तक कि 'मानववाद' पूर्व से पश्चिम तक जाते-जाते अपना स्वरूप बदल लेता है।

श्रद्धेय श्री गुरुजी (मा.स. गोलवलकर) कहा करते थे कि पश्चिम का मानववाद आत्मकेंद्रित है। लेकिन हिंदू मानववाद की स्थिति भिन्न है। वह तो परम सत्य की इस अनुभूति से उपजा है कि 'सब एक ही है' अथवा 'समूचा ब्रह्मांड अखंड इकाई है।'

श्रद्धेय श्री गुरुजी (मा.स. गोलवलकर) कहा करते थे कि पश्चिम का मानववाद आत्मकेंद्रित है। लेकिन हिंदू मानववाद की स्थिति भिन्न है। वह तो परम सत्य की इस अनुभूति से उपजा है कि 'सब एक ही है' अथवा 'समूचा ब्रह्मांड अखंड इकाई है।'

नलिनीकांत गुप्त का विचार है, "वास्तविक मानववाद का जन्म अथवा पुनर्जन्म पुनर्जागरण के साथ हुआ। जितना वह रचनात्मक तथा सकारात्मक था, उतनी ही कट्टरता तथा कठोरता से वह नकारात्मक और प्रतिवादी भी था। क्योंकि उसका मूल स्वरूप—जिसके आधार पर उसका नामकरण हुआ, उस सबके विरुद्ध प्रतिरोध के रूप में था, उस सबसे उसकी विमुखता थी, जिसका संबंध अति मानवीय, ईश्वर अथवा आत्मा से, स्वर्ग अथवा अन्य लोकों से और अमूर्त अथवा अतींद्रिय वास्तविकताओं से था। यह आंदोलन वस्तुतः इसलिए 'मानवतावादी' था कि उसने ईश्वरपरायणता तथा ईशतंत्रपरायण मध्ययुग का विरोध किया।"

डॉ. मैस्त्रे खेद प्रकट करते हैं—

"मैंने अपने समय में फ्रांसीसियों, इतालवियों और रूसियों को देखा है। भला हो मॉण्टेस्क्यू का कि मैं यह भी जानता हूँ कि कोई फारसवासी भी हो सकता है। किंतु जहाँ तक मानव का संबंध है, मैं घोषणा करता हूँ कि अपने जीवनकाल में मैंने उसे नहीं देखा है और यदि वह कहीं है तो उसकी जानकारी मुझे नहीं है।"

"आधुनिक संस्कृति का मार्ग मानवता से प्रारंभ होता है और राष्ट्रीयता से होता हुआ पाशविकता तक पहुँचता है।" प्रत्यक्ष है कि यहाँ 'आधुनिक संस्कृति' का उल्लेख 'पश्चिमी संस्कृति' के संदर्भ में किया गया है।

मैंने अपने समय में फ्रांसीसियों, इतालवियों और रूसियों को देखा है। भला हो मॉण्टेस्क्यू का कि मैं यह भी जानता हूँ कि कोई फारसवासी भी हो सकता है। किंतु जहाँ तक मानव का संबंध है, मैं घोषणा करता हूँ कि अपने जीवनकाल में मैंने उसे नहीं देखा है और यदि वह कहीं है तो उसकी जानकारी मुझे नहीं है।

फ्रिट्जॉफ काप्रा का विचार है—

"पश्चिमवासी अभी तक इस बात के पक्षधर रहे हैं कि सहज अंतर्ज्ञान से तर्कसम्मत ज्ञान, धर्म से विज्ञान, सहकारिता से प्रतियोगिता और प्राकृतिक संसाधनों के संरक्षण से उनका शोषण श्रेष्ठ है। अन्य कारणों के अतिरिक्त इन कारणों से घोर सांस्कृतिक असंतुलन उत्पन्न हो गया है और वहीं हमारे वर्तमान संकट की जड़ है¨हमारे विचारों तथा भावनाओं में, हमारे मूल्यों और हमारी वृत्तियों में तथा हमारी सामाजिक तथा राजनीतिक संरचनाओं में असंतुलन उत्पन्न हो गया है। वर्तमान संकट संवेदनशील संस्कृति से संक्रमण का है। चाहे व्यक्ति हो या समाज, सभ्यता हो या ग्रह (पृथ्वी) की पर्यावरण व्यवस्था, सर्वत्र हम संक्रमण की

स्थिति में हैं। तो हमें आवश्यकता है एक नए प्रतिमान की…, वास्तविकता के एक नए दर्शन की, हमारे विचारों, अनुभूतियों तथा मूल्यों में आमूल परिवर्तन की।"

स्वयं 'संस्कृति' के प्रति पश्चिम के दृष्टिकोण पर इस 'सांस्कृतिक असंतुलन' का अति खेदजनक तथा भयावह कुप्रभाव पड़ा है। इस विषय के संबंध में एक अतिवादी दृष्टिकोण लॉरेंस लोवेल नामक व्यक्ति ने 'एट वार विद एकेडेमिक ट्रेडीशंस इन अमेरिका' (अमरीका की अकादमीय परंपराओं का उग्र विरोध) में व्यक्त किया है, "संसार में (संस्कृति से) अधिक भ्रामक और कुछ नहीं है। शब्दों में उसके अर्थ को व्यक्त करने का प्रयास वायु को मुट्ठी में बाँधने जैसा है जब हम देखते हैं कि वायु तो सर्वत्र है, नहीं है तो केवल हमारी मुट्ठी में।"

संस्कृति जीवन-मूल्यों को ढालती है। हमारी संस्कृति ने हमें जीवन के विविध मूल्यों का वरदान दिया है। पंडित जवाहरलाल नेहरू ने कहा है, "हम भारतवासी अपने समूचे इतिहास-काल में एक अनोखे ढंग से पले और ढले हैं। आधुनिक युग का हमारा सबसे महान् नेता न तो धनवान था और न ही वह सैन्यशक्ति या किसी बड़े पद से संपन्न था, फिर भी करोड़ों भारतवासी उनके आगे अपना शीश झुकाते थे और उनके महान् नेतृत्व का अनुसरण करने का प्रयास करते थे। ऐसे ही व्यक्ति का हम सम्मान करते हैं और मैं आशा करता हूँ कि हम

हम भारतवासी अपने समूचे इतिहास-काल में एक अनोखे ढंग से पले और ढले हैं। आधुनिक युग का हमारा सबसे महान् नेता न तो धनवान था और न ही वह सैन्यशक्ति या किसी बड़े पद से संपन्न था, फिर भी करोड़ों भारतवासी उनके आगे अपना शीश झुकाते थे और उनके महान् नेतृत्व का अनुसरण करने का प्रयास करते थे।

आधुनिक जगत् में भी सदा ऐसे ही व्यक्ति का आदर करते रहेंगे।”

पश्चिमी मानस के लिए यह चमत्कार है। ऐसा कैसे हो सकता है ? पी.एच. प्रभु कहते हैं, “भारत तथा अन्य देशों के सामाजिक वर्गों की उत्पत्ति, विकास तथा स्थिरता के बीच एक भारी अंतर यह है कि अन्यत्र वर्ग-प्रतिष्ठा धन-संपदा की सहचरी तथा सहज उपज होती है और सत्ता तथा प्राधिकार उसके साथ जुड़े रहते हैं, जबकि हिंदू भारत में न केवल यह प्रयास किया गया कि संपदा को प्रतिष्ठा से, सत्ता को प्राधिकार, निष्काम कर्म को वैज्ञानिक उपलब्धियों तथा सुख सुविधाओं के प्रलोभनों से पूर्णतः मुक्त रखा जाए, बल्कि उस लक्ष्य को प्राप्त भी किया गया।”

हमारी संस्कृति निगमनात्मक संस्कृति है। जिस संस्कृति में मानव-जीवन की संपूर्ण संरचना मानव तथा ब्रह्मांड के बीच सर्वांगपूर्ण संबंधों पर टिकी होती है, उसे ‘निगमनात्मक संस्कृति’ कहते हैं। किसी व्यक्ति का जो कर्म जीवन के परम लक्ष्य से मेल नहीं खाई, उसे सौंदर्यबोध से भी असंगत माना जाता है।

हिंदू सौंदर्यबोध

हमारी संस्कृति निगमनात्मक संस्कृति है। जिस संस्कृति में मानव-जीवन की संपूर्ण संरचना मानव तथा ब्रह्मांड के बीच सर्वांगपूर्ण संबंधों पर टिकी होती है, उसे ‘निगमनात्मक संस्कृति’ कहते हैं। किसी व्यक्ति का जो कर्म जीवन के परम लक्ष्य से मेल नहीं खाई, उसे सौंदर्यबोध से भी असंगत माना जाता है। ग्रीक (यूनानी) मानस पर छायी हुई सौंदर्य की संकल्पना और तत्संबंधी हिंदू संकल्पना में तत्त्वतः बड़ा अंतर है। भारतीय सौंदर्यबोध द्वारा अपेक्षित रेखाएँ और उनका प्रवाह तथा वक्र (उभार और कटाव-गोलाई और तीक्ष्णता) यूरोपवासी द्वारा अपेक्षित गति और वक्रता जैसे नहीं हैं। हो सकता है कि हिंदू टिण्टोरेट्टो की कलाकृतियों, उभरी हुई कठोर मांसपेशियों वाले ‘आदम’ और सुंदर ‘हौवा’, ड्रैगन (दैत्य)

का संहार करते हुए सेंट जॉर्ज, वेनेशिया के सीनेटरों को दर्शन देते हुए ईशु के सौंदर्य की पूर्णतः सराहना न कर सके। हिंदुओं को फ्रायड का सिद्धांत केवल अति सीमित रूप में मान्य है। एक सुंदर किशोरी सामान्यतः आकर्षक लगती है। इसे विवादास्पद कथन नहीं माना जाना चाहिए। किंतु निर्दोष मुस्कान बिखेरनेवाला एक नन्हा शिशु भी तो सुंदर होता है, पर वह सामान्य मानस में वैसा मनोभाव तो उत्पन्न नहीं करता जिसका अनुभव किसी को सुंदर नारी को देखने पर होता है। तारों भरे स्वच्छ आकाशवाली रात, हिमालय की शुभ्र हिमाच्छादित श्रेणियाँ, नदियों अथवा समुद्रों के संगम जैसे प्राकृतिक दृश्य भी तो हमारे सौंदर्यबोध को उद्दीप्त एवं जागृत करते हैं, पर वे फ्रायडवादी कामवासना के संवाहक तो नहीं होते। न ही उनका दिव्य सौंदर्य तुरंत हथिया लेने की हमारी नैसर्गिक लालसा को भड़काता है। हम केवल उन्हें सराहते हैं, उनका आनंद लेते हैं और अपनी सुध-बुध खो बैठते हैं। हमारी दृष्टि में ये सब वस्तुएँ 'लौकिक अथवा ऐहिक' नहीं होतीं। एक सहज अनुभूति होती है कि ये दृश्य तो इस भूलोक से कहीं दूर के हैं अथवा वे स्वर्ग के या जिस किसी भी अन्य नाम से हम उसे पुकारें, उसके निकट हैं। हमें एक विशुद्ध, अमिश्रित आनंद की अनुभूति होती है और हम अपने क्षुद्र स्वार्थोंवाले जीवभाव को भूल जाते हैं। एक कट्टर नास्तिक के लिए भी यह मानसिक अवस्था उस आध्यात्मिक समाधि की दिशा में बढ़ता हुआ एक लंबा डग है जिसे वह अपनी निजी अनुभूति

हमारी दृष्टि में ये सब वस्तुएँ 'लौकिक अथवा ऐहिक' नहीं होतीं। एक सहज अनुभूति होती है कि ये दृश्य तो इस भूलोक से कहीं दूर के हैं अथवा वे स्वर्ग के या जिस किसी भी अन्य नाम से हम उसे पुकारें, उसके निकट हैं। हमें एक विशुद्ध, अमिश्रित आनंद की अनुभूति होती है और हम अपने क्षुद्र स्वार्थोंवाले जीवभाव को भूल जाते हैं।

के सच्चे स्वरूप को जाने बिना भी वस्तुतः अनुभव कर सकता है। हिंदू सौंदर्यबोध उसी आध्यात्मिक अनुभूति की ओर ले जानेवाला राजमार्ग है, जहाँ परम सत्य, परम ज्ञान तथा परम आनंद–सत्, चित्, आनंद की त्रिवेणी का संगम है। 'नासदीय' सूक्त मानव मन की सर्वप्रथम सौंदर्याभिव्यक्ति रहा है। उसकी भावना की डोर के दर्शन इन समूची शतियों के साहित्य एवं कला में किए जा सकते हैं। 'अमृतानुभव' जैसी श्रेष्ठ कृतियों में यह संभव नहीं है कि सौंदर्यबोध तथा आध्यात्मिकता के बीच कोई विभाजक रेखा खींची जाए। टिथोनस, उमर खय्याम, कैसानोवा एक प्रकार के सौंदर्यबोध का प्रतिनिधित्व करते हैं तो वैदिक ऋषि, संत ज्ञानेश्वर, स्वामी विवेकानंद तथा अन्य दूसरे प्रकार का। उनकी कला संबंधी परख का स्तर और भी ऊँचा है। दोनों की परिणति आनंद में होती है। किंतु एक के संदर्भ में आनंद तात्कालिक तथा सीमित है, जबकि दूसरे के संदर्भ में वह शाश्वत तथा असीम है। संपूर्णतापरक हिंदू सौंदयबोध प्रस्फुटित होकर आध्यात्मिकता का रूप ले लेता है। कोई भी अन्य संस्कृति इस सोपान तक नहीं पहुँचती।

टिथोनस, उमर खय्याम, कैसानोवा एक प्रकार के सौंदर्यबोध का प्रतिनिधित्व करते हैं तो वैदिक ऋषि, संत ज्ञानेश्वर, स्वामी विवेकानंद तथा अन्य दूसरे प्रकार का। उनकी कला संबंधी परख का स्तर और भी ऊँचा है। दोनों की परिणति आनंद में होती है। किंतु एक के संदर्भ में आनंद तात्कालिक तथा सीमित है, जबकि दूसरे के संदर्भ में वह शाश्वत तथा असीम है।

आध्यात्मिकता की अपरिहार्यता को पंडित नेहरू ने इस प्रकार व्यक्त किया है—

"देश में भौतिक समृद्धि सुनिश्चित करने के अपने प्रयत्न में हमने मानव प्रकृति के आध्यात्मिक तत्त्व की ओर ध्यान नहीं दिया है। अतः

यदि व्यक्ति तथा राष्ट्र के सामने कोई सार्थक प्रयोजन प्रस्तुत करना है, जिसके लिए वह जिये और यदि आवश्यकता पड़ती है तो मरने के लिए भी तत्पर रहे, तो हमें एक जीवन दर्शन को पुनरुज्जीवित करना होगा और अपने चिंतन-मनन को आध्यात्मिक पृष्ठभूमि प्रदान करनी होगी। हम कल्याणकारी राज्य की बातें करते हैं और लोकतंत्र तथा समाजवाद की भी, किंतु वे हमारे सामने स्पष्ट तथा दुविधारहित अर्थ प्रस्तुत नहीं करते। लोकतंत्र और समाजवाद साध्य की प्राप्ति के साधन हैं, वे स्वयं साध्य नहीं हैं।

"अपनी समस्याओं के इन आर्थिक पक्षों पर विचार करते समय हमें उस प्राण शक्ति के वेदांती आदर्शों को ध्यान में रखना होगा, जो हमारे अस्तित्व का आंतरिक आधार है।"

हम कल्याणकारी राज्य की बातें करते हैं और लोकतंत्र तथा समाजवाद की भी, किंतु वे हमारे सामने स्पष्ट तथा दुविधारहित अर्थ प्रस्तुत नहीं करते। लोकतंत्र और समाजवाद साध्य की प्राप्ति के साधन हैं, वे स्वयं साध्य नहीं हैं।

संस्थागत साँचा-ढाँचा

इस संबंध में पश्चिम में 1848 से लेकर आज तक गरमागरम सार्वजनिक बहस होती रही है।

हिंदुओं को सदैव इस बात का ज्ञान रहा है कि कला मानव-मन की उपज है, मानव-मन और समाज-व्यवस्था की एक-दूसरे पर क्रिया और प्रतिक्रिया होती रहती है तथा यद्यपि अंतिम विश्लेषण के अनुसार मानव-मन अधिक निर्णायक तत्त्व है, फिर भी मानव-मन पर समाज-व्यवस्था का प्रभाव भी एक निर्विवाद तथ्य है।

किसी भी प्रकार का सृजन-कर्म हो, उसमें सृजनकर्ता स्वयं को अपने सृजन की वस्तु से एकाकार कर लेता है। उत्कृष्टता तभी प्राप्त की जा सकती है जब सृजनकर्ता का 'आत्म' अपने सृजन की वस्तु अर्थात्

'अनात्म' के साथ अपना पूर्ण विलय कर लेता है। 'आत्मसक्त' ऐसा नहीं कर सकता, क्योंकि उसकी आत्मासक्ति उसके आत्म को अपने से परे की किसी भी वस्तु से पूर्णतया एकाकार नहीं होने देती। किसी भी सृजनात्मक कार्य में—चाहे वह कला हो या साहित्य अथवा विज्ञान—उत्कृष्टता और 'आत्मासक्ति' एक दूसरे के सर्वथा विपरीत हैं। सृजन की वस्तु के प्रति सच्चा और संकोचरहित प्रेम होना ही चाहिए।

जब स्तालिन ने घोषणा की थी कि कम्युनिज्म का आधार घृणा है, तो श्रद्धेय श्री गुरुजी (माधवराव गोलवलकर) ने कहा था कि हिंदुत्व का आधार तो प्रेम है। तब सृजनात्मकता के संदर्भ में उनके इस उद्गार की महत्ता को भलीभाँति हृदयंगम नहीं किया गया था।

प्रेम समस्त कलाओं का अपरिहार्य स्त्रोत है, अतः कोई भी समाज-व्यवस्था, जो इस अनमोल दिव्य भावना के सृजन, उज्जीवन तथा उन्नयन में सहायक नहीं होती, वह कला के पल्लवन में भी सहायक नहीं हो सकती।

प्रेम समस्त कलाओं का अपरिहार्य स्त्रोत है, अतः कोई भी समाज-व्यवस्था, जो इस अनमोल दिव्य भावना के सृजन, उज्जीवन तथा उन्नयन में सहायक नहीं होती, वह कला के पल्लवन में भी सहायक नहीं हो सकती।

नूतन काल में एरिक फ्रॉम ने इस विषय का समुचित विवेचन किया है। सभी मानवतावादियों की भाँति फ्रॉम भी आत्मविमुखता, अमानवीयकरण, पदार्थीकरण का विरोध करते हैं।

औद्योगिक सभ्यता इन सब पापों के लिए उत्तरदायी है।

बढ़ई, सुनार, किसान और चित्रकार के प्रसंग में उत्पादनकर्ता और उसके उत्पादन के बीच प्रगाढ़ निजी संबंध होता है। किंतु आधुनिक कारखाने के कर्मकार का अपने उत्पाद से ऐसा कोई संबंध नहीं होता। उसके सभी संबंध निजत्वहीन या अवैयक्तिक होते हैं। उसकी दृष्टि में 'समता' का अर्थ

है प्रतिमानीकरण। आज 'समता' का अर्थ है 'एकरूपता', न कि एकता। वह एक व्यक्ति नहीं रहा, उसका कोई व्यक्तित्व नहीं होता। वह तो 'नौ से पाँच बजे तक हाजिरी बजा देता है। वह श्रम-बल अथवा नौकरशाही का एक पुर्जा बनकर रह जाता है। उसकी सभी गतिविधियाँ पूर्व-निश्चित होती हैं और दिनचर्या बनकर रह जाती हैं। व्यक्तित्व की विशिष्टता के इस लोप पर मार्क्स ने रोष प्रकट किया था। उन्होंने कहा था, "मानव को मानव समझो और संसार के साथ उसके संबंध को मानवीय दृष्टिकोण से देखो। आपको केवल प्रेम के बदले प्रेम, केवल विश्वास के बदले विश्वास आदि मिल सकता है। यदि आप कला का आनंद लेना चाहते हैं तो आपको कलात्मक प्रशिक्षण प्राप्त व्यक्ति होना ही चाहिए...मानव तथा प्रकृति के साथ आपके हर संबंध को आपकी मनोवांछित वस्तु के अनुरूप आपके वास्तविक व्यक्तिगत जीवन की सुस्पष्ट अभिव्यक्ति होनी ही चाहिए।" आधुनिक प्रौद्योगीकरण में यह संभव नहीं है। प्रेम ही मनोविज्ञान की अंतिम परिणति होना चाहिए, किंतु औद्योगिक मनोविज्ञान इस तथ्य को मान्य नहीं करता।

फ्रॉम ने कहा है, "यदि समसामयिक पश्चिमी संस्कृति में हम प्रेम के बारे में चर्चा करते हैं तो हमारा आशय यह प्रश्न करने का होता है कि क्या पश्चिमी सभ्यता की सामाजिक संरचना और उससे उत्पन्न होनेवाली भावना प्रेम के विकास में सहायक है। यह प्रश्न करना इसका उत्तर 'नहीं' में देना है।"

फ्रॉम ने कहा है, "यदि समसामयिक पश्चिमी संस्कृति में हम प्रेम के बारे में चर्चा करते हैं तो हमारा आशय यह प्रश्न करने का होता है कि क्या पश्चिमी सभ्यता की सामाजिक संरचना और उससे उत्पन्न होनेवाली भावना प्रेम के विकास में सहायक है। यह प्रश्न करना इसका उत्तर 'नहीं' में देना है।"

"पूँजीवादी समाज के सिद्धांत तथा प्रेम के सिद्धांत के बीच चील

और साँप का सा वैर है"'निश्चय ही वर्तमान व्यवस्था के अधीन प्रेम कर सकनेवाले लोग विरले ही होते हैं। निश्चय ही वर्तमान पश्चिमी समाज में प्रेम एक पार्श्ववर्ती घटना है। इसका कारण यह नहीं है कि व्यवसायों की विविधता प्रेम की प्रवृत्ति को पनपने नहीं देती, बल्कि यह है कि उत्पादन-प्रधान तथा पण्य-लोभी समाज की भावना कुछ ऐसी है कि केवल प्रतिबद्धताविहीन ही उसमें अपनी रक्षा कर सकता है"'यदि प्रेम को नितांत व्यक्तिपरक और उपेक्षित कोने की घटना नहीं वरन् सामाजिक परिदृश्य बनाना है तो हमारी सामाजिक संरचना में महत्त्वपूर्ण तथा आमूल परिवर्तन आवश्यक है।"

'यदि मानव को प्रेम कर सकने योग्य बनाना है तो उसे उसका सर्वोच्च स्थान देना ही होगा। उसे आर्थिक तंत्र का स्वामी बनना होगा, न कि उसका दास।

स्वाभाविक है कि सच्ची 'कला' की उन्नति के लिए भी यही पूर्व शर्त है। 'समाज-व्यवस्था' एक व्यापक शब्द है। सामाजिक-राजनीतिक-आर्थिक संस्थानों का समूचा साँचा-ढाँचा इसके अंतर्गत आ जाता है।

'यदि मानव को प्रेम कर सकने योग्य बनाना है तो उसे उसका सर्वोच्च स्थान देना ही होगा। उसे आर्थिक तंत्र का स्वामी बनना होगा, न कि उसका दास। स्वाभाविक है कि सच्ची 'कला' की उन्नति के लिए भी यही पूर्व शर्त है। 'समाज-व्यवस्था' एक व्यापक शब्द है। सामाजिक-राजनीतिक-आर्थिक संस्थानों का समूचा साँचा-ढाँचा इसके अंतर्गत आ जाता है।

कला की प्रकृति

इस विषय से कला की प्रकृति का भी कुछ संबंध है। श्री अरविंद का कहना है कि चित्रकला के क्षेत्र में उत्तरवर्ती यूरोप ने दीर्घकाल की सतत नवीन प्रेरणा के साथ प्रचुर मात्रा में बहुत कुछ किया है, किंतु फिडियास

के ओलंपियन देवताओं का चित्रण गुणात्मक दृष्टि से वैसे कलात्मक स्तर का नहीं है जैसा कि भारतीय मूर्तिकला में तराशे गए देवताओं यथा बुद्ध, नटराज तथा शिव के नृत्यों का है। श्री अरविंद के अनुसार, यह अंतर कलाओं अर्थात् चित्रकला और मूर्तिकला के लिए आवश्यक मानसिकता की (दोनों स्थानों पर) भिन्नता के कारण आया है।

पत्थर या कांस्य को तराशने की कला के लिए प्राचीन पूर्वजों जैसा मानसिक साँचा अपेक्षित है। आधुनिकों के पास वह है नहीं और है भी तो केवल विरलों के पास। उसके लिए तो ऐसा कलात्मक मानस चाहिए, जो न तो अति चंचल और असंयमी हो, न ही अपने व्यक्तित्व तथा मनोभाव और क्षणिक आवेगों से अति अभिभूत हो। वह तो सुदृढ़ विचार तथा कल्पना के किसी महान् आधार पर टिका हो, स्थिर स्वभाववाला हो और अपनी कल्पना को ऐसी वस्तुओं पर स्थिर करे, जो सुदृढ़ और टिकाऊ हों। रंग का आत्मा सौंदर्य के प्रति जिस असंयम की अनुमति देता है और उसे आमंत्रित भी करता है, तूलिका, लेखनी या पेंसिल की रेखा जीवन की चहल-पहल के जिस आकर्षण की अनुमति देती है, उसका यहाँ निषेध है और यदि किसी अंश तक स्वीकृति है भी तो संयम की लक्ष्मण रेखा के भीतर, जिसे लाँघना संकटास्पद ही नहीं है बल्कि शीघ्र घातक भी है।

पत्थर या कांस्य को तराशने की कला के लिए प्राचीन पूर्वजों जैसा मानसिक साँचा अपेक्षित है। आधुनिकों के पास वह है नहीं और है भी तो केवल विरलों के पास। उसके लिए तो ऐसा कलात्मक मानस चाहिए, जो न तो अति चंचल और असंयमी हो, न ही अपने व्यक्तित्व तथा मनोभाव और क्षणिक आवेगों से अति अभिभूत हो।

एंजेलो अथवा रोडिन जैसे इक्के-दुक्के व्यक्तियों की कुछ महान्

कृतियों के उपरांत भी उत्तरवर्ती यूरोप अधिकांशतः मूर्तिकला के क्षेत्र में असफल रहा है। उसका कारण है। वह प्रस्तर तथा कांस्य के बाहरी भाग में ही रमा रहा। उसने भीतर नहीं झाँका। जीवन के चित्रण के लिए उसने उन्हें केवल माध्यम बनाया। उनके लिए वह गहन दर्शन अथवा आध्यात्मिक प्रेरणा का आधार नहीं प्राप्त कर सका।

□

भाग तीन

दिशा

दिशा

विरोधाभास

यह है परंपरागत हिंदू चिंतन-पद्धति, जिसकी मूल प्रकृति एकात्मतावादी है। जिन लोगों को इस दृष्टिकोण का ज्ञान अथवा ध्यान नहीं है, वे पश्चिम के दिग्गजों की महानता का भी समुचित मूल्यांकन नहीं कर सकेंगे। सौंदर्य और कुरूपता की सच्ची प्रकृति के बारे में दार्शनिक सुकरात क्यों जिज्ञासा रखते थे? जब यूरोप में प्लेटो तथा अरस्तू की दार्शनिक विचारधाराओं के वास्तविक आशय के बारे में कभी न समाप्त होनेवाला विवाद प्रत्यक्षतः अपने पूर्ण वेग पर था तो कलाकार रैफेल ने सामान्य यूरोपीय मानस के लिए इस विद्वत्स्तरीय विवाद का निपटारा इस प्रकार किया : उन्होंने अपने 'द स्कूल ऑफ एथेंस' के चित्र-क्रम में चित्रित किया कि प्लेटो अपना हाथ स्वर्ग की ओर संकेत करते हुए उठाए हुए हैं और अरस्तू बड़ी दृढ़ता से अपने हाथ से अपने पैरों तले की धरती की ओर संकेत कर रहे हैं।

पश्चिम में विशेषतः दूसरे विश्व-युद्ध के बाद ऐसी एकात्मता के प्रति अभिरुचि और सराहना का भाव विकसित होने लगा है। इस युद्ध-काल में युद्ध-नेताओं ने एक अंतरशास्त्रीय दृष्टिकोण की वांछनीयता को अनुभव किया। किंतु कैसा विरोधाभास है कि हीन भावना से ग्रस्त और पश्चिम की चकाचौंध से त्रस्त हिंदू बुद्धिजीवी को अनायास अपनी

पहचान (अस्मिता) गँवाने का शौक चर्राया है! वह अपनी संस्कृति से नाता तोड़कर पराई संस्कृति से नाता जोड़ने लगा है। (हाल में ही ऐसी दासता के विरुद्ध विद्रोह भी देखने में आया है।)

बहुत पहले ही आर्नोल्ड टॉयन्बी ने कह दिया था, "ऊपर से तो ऐसा लगता है कि जिन हिंदुओं ने प्रौद्योगिकी तथा विज्ञान, भाषा तथा साहित्य, प्रशासन तथा विधि (कानून) के स्तरों पर अपने लिए एक अति पराई पश्चिमी संस्कृति को अंगीकार कर लिया है, वे रूसियों की अपेक्षा अधिक सफल रहे हैं। उन्होंने रूसियों की तुलना में अपने लिए मूलत: कहीं अधिक पराई पश्चिमी जीवन-शैली का अपनी स्वदेशी जीवन-शैली के साथ समन्वय कर सकते हैं। फिर भी हिंदू मानस में अत्यधिक तनाव अवश्य होगा और देर-सबेर उस तनाव को दूर करने के लिए उसे स्वयं कोई मार्ग खोजना ही होगा।"

टॉयन्बी के अनुसार, पश्चिमी जीवन-शैली ग्रीक-रोमन-यहूदी परंपरा की ही अंशज और वंशज है। यह समूची सांस्कृतिक परंपरा हिंदुत्व के लिए अति पराई है। अत: देर-सबेर अपव्ययी पुत्र की वापसी होगी ही। किंतु इस बीच इन सम्मोहित हिंदुओं की आत्मविस्मृति के लिए राष्ट्र को भारी मूल्य चुकाना पड़ रहा है।

टॉयन्बी के अनुसार, पश्चिमी जीवन-शैली ग्रीक-रोमन-यहूदी परंपरा की ही अंशज और वंशज है। यह समूची सांस्कृतिक परंपरा हिंदुत्व के लिए अति पराई है। अत: देर-सबेर अपव्ययी पुत्र की वापसी होगी ही। किंतु इस बीच इन सम्मोहित हिंदुओं की आत्मविस्मृति के लिए राष्ट्र को भारी मूल्य चुकाना पड़ रहा है। इस तथ्य के कारण राष्ट्रीय जीवन के हर क्षेत्र में अभूतपूर्व क्षति हो रही है। कला का क्षेत्र भी इसका अपवाद नहीं है।

संकल्पना का संभ्रम

जनमानस में कला की कोई स्पष्ट तथा सुबोध संकल्पना नहीं है। आडंबरपूर्ण बुद्धिजीवित्व की मनोवृत्ति, जो विभेदीकरण की पश्चिमी प्रवृत्ति की ही देन है, जनमानस पर छाई हुई है, यथा, बुद्धिवादियों की कला-दीर्घाएँ केवल वास्तुकला, मूर्तिकला, चित्रकारिता, संगीत आदि की तड़क-भड़कवाली चिकनी-चुपड़ी कलाओं के लिए ही सुरक्षित रहती हैं। कौन जानता है कि उन वास्तविक कलाकारों का क्या स्थान है, जिन्हें समूचे ताने-बाने में व्यावहारिक सुविधा के लिए 'कारीगर' अथवा 'शिल्पी' (या 'दस्तकार') कहा जाता है। 'विश्वकर्मा' समूचे सृजन-कर्म के राष्ट्रीय देवता हैं। क्या उनके 'सपूत' कला के पावन मंदिर में प्रवेश कर सकते हैं?

हाल ही में 'दस्तकार' ने कोच्ची में परंपरागत शिल्प-कृतियों की प्रदर्शनी का आयोजन किया। वहाँ देशभर से परंपरागत शैली के 40 के लगभग शिल्पकार आए और उन्होंने अपनी कृतियों का प्रदर्शन किया। उन्हें देखकर केरल के परिष्कृत रुचिवाले कला-प्रेमी ठगे-से रह गए। उड़ीसा की 'पट्टा' चित्रकारी विशेष आकर्षण का केंद्र बनी। पुरी में जगन्नाथ मंदिर में बसे 'पट्टा' चित्रकारों की पीढ़ी-दर-पीढ़ी चलनेवाली साधना की लंबी परंपरा है। क्या उन्हें 'कलाकारों' की श्रेणी में केवल इसलिए नहीं रखा जाना चाहिए कि वे बनावटी परिष्कृत

हाल ही में 'दस्तकार' ने कोच्ची में परंपरागत शिल्प-कृतियों की प्रदर्शनी का आयोजन किया। वहाँ देशभर से परंपरागत शैली के 40 के लगभग शिल्पकार आए और उन्होंने अपनी कृतियों का प्रदर्शन किया। उन्हें देखकर केरल के परिष्कृत रुचिवाले कला-प्रेमी ठगे-से रह गए। उड़ीसा की 'पट्टा' चित्रकारी विशेष आकर्षण का केंद्र बनी।

रुचिवाले नहीं हैं? अथवा इसलिए कि उनकी कलाकृतियाँ 'उपयोगी' तो हैं, पर उत्कृष्ट नहीं?

मात्र प्राविधिक अथवा विद्वत्स्तरीय आधारों पर ऐसी किसी 'अव्याप्ति' से न केवल इन साधकों के बल्कि समूचे देश के हित पर कुठाराघात होगा। इसका अर्थ होगा कि हम ललित कलाओं की उस समृद्ध तथा वैभवपूर्ण परंपरा से वंचित रह जाएँगे, जिसकी सराहना विदेशियों ने भी सच्चे हृदय से की है। यथा, देखिए विल डूरैंट के उद्गार—

प्लासी (के युद्ध) से पूर्व ब्रिटिश-पूर्व भारत में प्रत्येक परिपक्व कारीगर। शिल्पी था और वह अपने कौशल तथा अभिरुचि की कृति को रूप और व्यक्तित्व प्रदान करता था। आज भी, जब हस्तशिल्पों का स्थान कारखानों (फैक्टरियों) ने ले लिया है और शिल्पकार घटकर काम करनेवाले 'हाथ' भर रह गए हैं, देखा जाता है कि हर हिंदू नगर की स्टॉलों तथा दुकानों पर कारीगर बैठे मिलते हैं।

"प्लासी (के युद्ध) से पूर्व ब्रिटिश-पूर्व भारत में प्रत्येक परिपक्व कारीगर। शिल्पी था और वह अपने कौशल तथा अभिरुचि की कृति को रूप और व्यक्तित्व प्रदान करता था। आज भी, जब हस्तशिल्पों का स्थान कारखानों (फैक्टरियों) ने ले लिया है और शिल्पकार घटकर काम करनेवाले 'हाथ' भर रह गए हैं, देखा जाता है कि हर हिंदू नगर की स्टॉलों तथा दुकानों पर कारीगर बैठे मिलते हैं। वे धातु को ठोकते-पीटते, आभूषण आदि गढ़ते, आकल्पन (डिजाइन) तैयार करते, सूक्ष्म हृदयस्पर्शी कलायुक्त शॉलें बुनते, कशीदाकारी करते और हाथीदाँत तथा लकड़ी पर कलात्मक उत्कीर्णन के कार्य में व्यस्त होते हैं। हमारी जानकारी में तो संभवतः ऐसा कोई अन्य देश नहीं है जिसके पास कभी

भी कलाओं की ऐसी प्रचुर एवं समृद्ध विविधता रही हो।'

डूरैंट के ही अनुसार : "यदि पात्र किसी अनमोल धातु से बनाया जाए तो उस पर कारीगरी को मुक्त हस्त से न्योछावर किया ही जा सकता है, देखिए मद्रास के विक्टोरिया इंस्टीट्यूट में चाँदी के तंजौरी कलश को अथवा कैंडी की पान की स्वर्ण तश्तरी को। पर पीतल को भी ठोक-पीटकर अगणित प्रकार के दीप, कटोरे तथा पात्र बनाए गए, जस्ते की काली मिश्र धातु (बीदरी) का उपयोग प्रायः संदूक, द्रोण (चिलमचियाँ) और ट्रे के लिए किया गया और एक धातु को दूसरी पर चढ़ाया गया अथवा उस पर सोने-चाँदी का स्तर (मुलम्मा) चढ़ाया गया। लकड़ी पर प्रचुरता से पौधों तथा पशुओं की आकृतियाँ उत्कीर्ण (नक्काशी) की गईं। हाथीदाँत को तराशकर देवमूर्तियों से लेकर द्यूत के पाँसे तक बनाए गए, दरवाजों तथा लकड़ी की अन्य वस्तुओं में उसे जड़ा गया और प्रसाधन की वस्तुओं तथा इत्रों को रखने के लिए उससे सुरुचिसंपन्न पात्र बनाए गए। प्रचुर मात्रा में आभूषण बनाए गए और उन्हें धनवान तथा निर्धन दोनों ही पहनते थे अथवा संग्रह करते थे। सुनहरी पृष्ठभूमि पर मीनाकारी के रंगों की ज्वाला भड़काने में जयपुर निष्णात था। बकसुओं, मनकों, जुगनुओं (पेंडेंटों), चाकुओं और कंघों को फूलदार, जाँतव अथवा धर्मपरायण आकल्पनोंवाली सुरुचिपूर्ण आकृतियों में ढाला जाता था। एक ब्राह्म जुगनू अपने नन्हे से कलेवर में

लकड़ी पर प्रचुरता से पौधों तथा पशुओं की आकृतियाँ उत्कीर्ण (नक्काशी) की गईं। हाथीदाँत को तराशकर देवमूर्तियों से लेकर द्यूत के पाँसे तक बनाए गए, दरवाजों तथा लकड़ी की अन्य वस्तुओं में उसे जड़ा गया और प्रसाधन की वस्तुओं तथा इत्रों को रखने के लिए उससे सुरुचिसंपन्न पात्र बनाए गए।

एक सौ देवी-देवताओं को समेट लेता है। कपड़े की बुनाई की कारीगरी बेजोड़ थी। सीजर के काल से लेकर आधुनिक काल तक सारे संसार ने भारतीय वस्त्रों को सराहा है। कभी-कभी तो अति सूक्ष्म तथा अति श्रमसाध्य पूर्व-आकलित माप द्वारा ताने-बाने के हर धागे को रँगा जाता था और फिर उसे करघे पर चढ़ाया जाता था। जैसे-जैसे बुनाई होती जाती थी, आकल्पन (डिजाइन) प्रकट होता जाता था और वह दोनों ओर एक जैसा होता था। हाथ के कते तथा बुने खद्दर से लेकर सुनहरे तारों से झिलमिलाते जरी के वस्त्र तक, नयनाभिराम पायजामों से लेकर अदृश्य सीवनदार कश्मीर के शॉल तक, भारत में बुना गया प्रत्येक वस्त्र ऐसी सुंदरता से ओत-प्रोत होता है, जो अति प्राचीन कला की देन है और अब जन्मजात नैसर्गिक कला-सी लगती है।"

हाथ के कते तथा बुने खद्दर से लेकर सुनहरे तारों से झिलमिलाते जरी के वस्त्र तक, नयनाभिराम पायजामों से लेकर अदृश्य सीवनदार कश्मीर के शॉल तक, भारत में बुना गया प्रत्येक वस्त्र ऐसी सुंदरता से ओत-प्रोत होता है, जो अति प्राचीन कला की देन है और अब जन्मजात नैसर्गिक कला-सी लगती है।

संभवतः हमारे देश में कला का परंपरागत विस्तार कहीं अधिक व्यापक था। यह बात चौंसठ कलाओं के परंपरागत परिगणन से स्पष्ट है।

यह धारणा ठीक नहीं है कि कोई कला-विशेष किसी अन्य कला से बढ़कर है। एक संगीत-प्रेमी के यह पूछने पर कि कौन सी कला अन्य सबसे बढ़कर है, श्री अरविंद ने उत्तर दिया, "क्या आप चाहते हैं कि मैं संगीत की देवी के सिर पर तो मुकुट पहना दूँ और चित्रकारिता, मूर्तिकला, वास्तुकला, फुलकारी की देवियों को, कला की नौ-की-नौ देवियों को कुपित कर दूँ? वरीयता की आपकी कसौटी गलत है।"

"प्रत्येक महान् कला की अपनी प्रेषणीयता (अपील) और प्रेषणीयता-पद्धति होती है और प्रत्येक अपने-अपने क्षेत्र में अन्य सबसे श्रेष्ठ है।"

वे कहाँ स्थित हैं?

जहाँ यह सच है कि कलाओं के क्षेत्र में प्राय: घटिया तत्त्वों में पूर्णत: विश्वजनीन नहीं भी तो अधिक सामान्य प्रेषणीयता होती है, वहाँ यह भी एक तथ्य है कि हर देश में प्रादेशिक अथवा सामाजिक विकास के विभिन्न चरण होंगे ही और इसी विकास के अनुरूप कलात्मक विकास के भी विभिन्न स्तर होंगे।

यथा, 'नाट्यम्' के प्रकरण को लें। भरत मुनि का 'नाट्यशास्त्र' भारतीय नाट्यकला के बारे में परस्पर जुड़े (संश्लिष्ट) विषयों का ग्रंथ है। वह रंगमंच के सभी पक्षों, नृत्य के सभी तत्त्वों और संगीत के मूलाधारों का स्रोत-ग्रंथ है। 'नाट्य' में इन तीनों पक्षों का समावेश है।

भारतीय संगीत तथा नृत्य का प्राचीनतम ठोस प्रमाण ऋग्वेद में मिलता है। ऋग्वेद में गोलाकार में नृत्य करनेवाले जोड़ों का उल्लेख है। संवादों के रूप में ऋचाओं, यथा संगीत तथा नाटक के संदर्भ में सामवेद के सूक्तों की तो वैदिक साहित्य में भरमार है। संगीत, नृत्य तथा नाटक के प्रतिमान शुक्ल यजुर्वेद की वाजसनेयी संहिता में दिए गए हैं।

भारतीय संगीत तथा नृत्य का प्राचीनतम ठोस प्रमाण ऋग्वेद में मिलता है। ऋग्वेद में गोलाकार में नृत्य करनेवाले जोड़ों का उल्लेख है। संवादों के रूप में ऋचाओं, यथा संगीत तथा नाटक के संदर्भ में सामवेद के सूक्तों की तो वैदिक साहित्य में भरमार है। संगीत, नृत्य तथा नाटक के प्रतिमान शुक्ल यजुर्वेद की वाजसनेयी संहिता में दिए गए हैं।

इसमें संदेह नहीं कि तब से अब तक भारतीय नृत्य एक लंबी

यात्रा कर चुका है। भारतीय नृत्य की इस गौरवपूर्ण यात्रा के बारे में साहित्य का विपुल भंडार है। आधुनिक कृतियों में अधिक महत्त्वपूर्ण हैं—आनंद कुमारस्वामी कृत 'दि डांस ऑफ शिव' (शिव का नृत्य), डॉ. सी.पी. रामस्वामी अय्यर कृत 'दि आर्ट ऑफ डांस' (नृत्य-कला), मृणालिनी साराभाई कृत 'दि सेक्रेड डांस ऑफ इंडिया' (भारत का पावन नृत्य), पी.के. शिवशंकर पिल्लै कृत 'ओरिजिन एंड डेवलपमेंट ऑफ थुल्लाल' (थुल्लाल की उत्पत्ति और विकास), दुर्गादास मुखोपाध्याय द्वारा संपादित 'लेसर नोन फॉर्म्स ऑफ परफॉर्मिंग आर्ट्स इन इंडिया' (भारत की अभिनय-कला के अल्प ज्ञात रूप), डॉ. कपिला वात्स्यायन कृत 'ट्रेडीशंस ऑफ इंडियन फोक डांस' (भारतीय लोक-नृत्य की परंपराएँ) तथा के.एस. रामस्वामी शास्त्री कृत 'इंडियन डांस ऐज ए स्पिरिचुअल आर्ट' (भारतीय नृत्य : एक आध्यात्मिक कला)। यह साहित्य इस बात का साक्षी है कि भारतीय नृत्य अब तक भारी प्रगति कर चुका है।

आधुनिक काल में इस कला के योग्य प्रतिपादक भी हुए हैं। यथा—उदयशंकर प्रथम भारतीय नृत्यकला-विशारद हैं, जिन्होंने बिरजू महाराज के साथ भारतीय नृत्य-नाटक (बैले) प्रस्तुत किया। उन्होंने भारत को विश्व के सांस्कृतिक मानचित्र में स्थान दिलाया और विभिन्न पद्धतियों के संश्लेषण का प्रयास किया।

आधुनिक काल में इस कला के योग्य प्रतिपादक भी हुए हैं। यथा—उदयशंकर प्रथम भारतीय नृत्यकला-विशारद हैं, जिन्होंने बिरजू महाराज के साथ भारतीय नृत्य-नाटक (बैले) प्रस्तुत किया। उन्होंने भारत को विश्व के सांस्कृतिक मानचित्र में स्थान दिलाया और विभिन्न पद्धतियों के संश्लेषण का प्रयास किया।

कलामंडलम् के वेल्लतोल ने इरिञ्जलक्कुडा माधवन चक्यार जैसे कूडियाथम नर्तकों और कलामंडलम् कृष्णन नायर, रमण कुट्टी नायर तथा गोपी जैसे कथकली नर्तकों की कला को पुष्पित-पल्लवित किया; वेल्लाथुनाडु के राजा की गुणसंपदा को कथकली का अंतिम परिपूर्ण रूप दिया, जिन्होंने कोट्टारकारा के राजा के उस रामनट्टम् को सँवारकर परिष्कृत किया था, जो स्वयं मानवेदन जमोरिन के कृष्णनट्टम् का उत्तराधिकारी कलारूप था। इसके अतिरिक्त वेल्लतोल ने भास, कुलशेखर, वर्मन, श्रीहर्ष, महेंद्रविक्रम पल्लव, बोधायन, शक्तिभद्र, कट्टायम राजा, महाराजा स्वाति तिरुनाल, उन्नई वारियार और इरयिम्मन थम्पी की कृतियों के सौंदर्य-बोध को साकार रूप प्रदान किया।

रुक्मिणी देवी ने नृत्य में पुन: नवजीवन का संचार किया।

आंध्र प्रदेश की यामिनी कृष्णमूर्ति, शोभा नायडू तथा रानी कर्ण ने कुचीपुड़ी को प्रसिद्धि के शिखर पर पहुँचाया। तमिलनाडु की डॉ. पद्मा सुब्रह्मण्यन तथा वैजयंतीमाला ने भरतनाट्यम को गौरव प्रदान किया। कल्याणीकुट्टी अम्मा ने मोहिनीअट्टम के यश में वृद्धि की।

आंध्र प्रदेश की यामिनी कृष्णमूर्ति, शोभा नायडू तथा रानी कर्ण ने कुचीपुड़ी को प्रसिद्धि के शिखर पर पहुँचाया।

तमिलनाडु की डॉ. पद्मा सुब्रह्मण्यन तथा वैजयंतीमाला ने भरतनाट्यम को गौरव प्रदान किया। कल्याणीकुट्टी अम्मा ने मोहिनीअट्टम के यश में वृद्धि की।

ऐसे ही कुछ अन्य प्रख्यात कलाकार हैं—कथक की तारा चौधरी तथा सितारा देवी, मणिपुरी की दर्शना जावेरी, ओडिसी की सोनल

मानसिंह तथा अन्य अनेक कलारत्न।

इस कला का यह एक मान्य स्तर है। किंतु यही सबकुछ नहीं है।

जैसा कि हम सब जानते ही हैं, आज विशेषतः देश के उत्तरी भागों के नगरीय क्षेत्रों में पश्चिमी संगीत से कहीं अधिक लोकप्रिय पश्चिमी नृत्य होता जा रहा है। प्रत्येक कला को अपने क्षेत्र में सिद्धांतहीन नौसिखियों तथा पाखंडियों के प्रवेश के कारण स्तर में गिरावट का कुफल भोगना पड़ता है। आज जो प्रभाव पनपता जा रहा है, वह पश्चिमी नृत्य की अधिक परिष्कृत शैली अर्थात् बैले या अन्न पावलोवा की कला का नहीं है। वह तो प्रायः उसकी ओछी तथा कभी-कभी अश्लील शैली का प्रभाव है। यह गंभीर चिंता का विषय होना चाहिए, क्योंकि आशुप्रभाववाले कच्चे मानस पर उसका सीधा तथा हानिकर प्रभाव पड़ता है। सच्ची कला में इन लोगों की कोई अभिरुचि नहीं होती। नाट्यवेद अथवा नाट्यशास्त्र के लिए उनके पास धैर्य नहीं है। बिरजू महाराज अथवा उदयशंकर बनने के लिए वे तपस्या नहीं करना चाहते। वे कला के सच्चे पुजारी नहीं होते, वे तो कलाकार होने का ढोंग करते हैं।

जैसा कि हम सब जानते ही हैं, आज विशेषतः देश के उत्तरी भागों के नगरीय क्षेत्रों में पश्चिमी संगीत से कहीं अधिक लोकप्रिय पश्चिमी नृत्य होता जा रहा है। प्रत्येक कला को अपने क्षेत्र में सिद्धांतहीन नौसिखियों तथा पाखंडियों के प्रवेश के कारण स्तर में गिरावट का कुफल भोगना पड़ता है।

सौभाग्यवश यह महामारी केवल नगरीय क्षेत्रों तक सीमित है।

जैसा कि ऊपर कहा जा चुका है, यह एक महत्त्वपूर्ण तथ्य है कि एक ही समाज में एक ही कालावधि में विकास के विभिन्न स्तर होते हैं।

इधर कुछ समय से सार्वजनिक नेता परिगणित वनवासी जनजातियों की ओर अधिक ध्यान दे रहे हैं। उनके ध्यान में यह बात आई है कि विभिन्न प्रदेशों की हमारी वनवासी जनजातियों ने नृत्य तथा संगीत की अपनी अनोखी शैलियों का विकास किया है। इन सभी शैलियों के नाम गिनाना तो असंभव होगा। प्रत्येक जनजाति की नृत्य की अपनी शैलियाँ तथा जनजाति से इतर ग्रामीणों के लोकनृत्यों की भी विविध शैलियाँ हैं। दोनों ही लोकनृत्य-शैलियाँ हैं। ऐसे लोकनृत्य भी होते हैं, जो दैनिक जीवन, रीति-रिवाजों और आस्था-पद्धतियों के प्रसंगों को प्रस्तुत करते हैं। उन्हें सामाजिक उत्सवों पर—यथा विवाह, शिशु-जन्म, कृषि-कार्यों, ऋतु परिवर्तनों, मेलों, त्योहारों अथवा धार्मिक पर्वों पर—प्रस्तुत किया जाता है। सभी लोकनृत्यों के साथ समुचित संगीत होता है, यथा कपोत नृत्य, पतंग नृत्य, कुंभ नृत्य, थाली नृत्य तथा सर्प नृत्य में प्रयुक्त संगीत। प्रत्येक जनजाति की अपनी अलग कई प्रकार की शैलियाँ होती हैं। गोंड जाति के लोगों की 'झूमर', 'सैला', 'रिना' शैलियाँ हैं और 'कर्मा' तथा 'चैत्र' उत्सव के नृत्य। प्रत्येक प्रांत के भी अपने विशेष प्रकार के नृत्य होते हैं, यथा, राजस्थान में सिद्ध जाटों का 'कच्ची घोड़ी', 'गीदड़' तथा 'अग्नि-नृत्य'; कमार जनजाति का 'तेरा ताली', गरसिया जनजाति का 'वलार', भीलों का 'ढोली', 'गौरी' और 'घूमर'; मीणा जनजाति का 'घेर' तथा 'रैका', 'झोरिया' आदि। विभिन्न राज्यों के कुछ

इधर कुछ समय से सार्वजनिक नेता परिगणित वनवासी जनजातियों की ओर अधिक ध्यान दे रहे हैं। उनके ध्यान में यह बात आई है कि विभिन्न प्रदेशों की हमारी वनवासी जनजातियों ने नृत्य तथा संगीत की अपनी अनोखी शैलियों का विकास किया है। इन सभी शैलियों के नाम गिनाना तो असंभव होगा।

नृत्यों का यथा गुजरात के 'गरबा', और पंजाब के 'भाँगड़ा' का अधिक प्रचार हुआ है। किंतु उसका यह अर्थ नहीं है कि इन राज्यों की अन्य शैलियाँ नहीं हैं। कर्नाटक के 'यक्षगान' तथा तमिलनाडु के 'थेरुक्कुट नुक्कड़' नाटक सुविख्यात हैं। किंतु अन्य राज्य भी नुक्कड़ नाटकों की अपनी शैलियों का बखान कर सकते हैं।

वास्तव में समग्रत: यह एक अति मनोहर और प्रभावकारी सतरंगी दृश्य है। किंतु यह नितांत स्पष्ट है कि कहाँ गाँवों तथा कस्बों की गलियाँ और कहाँ महानगरों की अत्याधुनिक भव्य रंगशालाएँ (थिएटर)। यह एक बड़ी लंबी छलाँग है। इन दो ध्रुवों के बीच अनेक स्तर तथा चरण हैं।

वास्तव में समग्रत: यह एक अति मनोहर और प्रभावकारी सतरंगी दृश्य है। किंतु यह नितांत स्पष्ट है कि कहाँ गाँवों तथा कस्बों की गलियाँ और कहाँ महानगरों की अत्याधुनिक भव्य रंगशालाएँ (थिएटर)। यह एक बड़ी लंबी छलाँग है। इन दो ध्रुवों के बीच अनेक स्तर तथा चरण हैं।

प्रश्न उठता है कि ग्राम्य स्तर पर कार्यरत इन सभी कलाकारों को गर्वोन्नत ग्रीवावाले हमारे विद्वान्, जो इस क्षेत्र के मान्यताप्राप्त आकलनकर्ता हैं, क्या स्थान देंगे? हमारी परंपरागत कसौटी इन आकलनकर्ताओं की कसौटी से भिन्न थी। इन लोगों की आँखें तो आडंबरपूर्ण तड़क-भड़क की चकाचौंध से चौंधिया गई हैं। पहले तो कसौटी यह थी कि उन्हीं व्यक्तियों को 'कलाकारों' के प्रतिष्ठित वर्ग में स्थान दिया जाए, जिन्होंने सच्ची लगन से कठिन 'साधना' की हो। आज इन सच्चे कलाकारों की स्थिति क्या होगी?

अभिप्रेरणा

हिंदू कला के क्षेत्र में पश्चिमीकरण का सबसे बड़ा घातक कुप्रभाव यह पड़ा है कि कलाकारों, कलाप्रेमियों तथा कला प्रबंधकों की अभिप्रेरणा

में घोर अथवा प्रति क्रांतिकारी (?) परिवर्तन आ गया है।

समस्त हिंदू कला की उत्पत्ति अद्वैत परम सत्ता की अनुभूति से हुई है, उसी के प्रति वह समर्पित है और वही उसके लिए पूर्णता प्रदान करनेवाला परम ध्येय है। यही तथ्य उसे विशिष्टता प्रदान करता है। अजंता के बारे में विल डूरैंट का यह विचार समूची हिंदू कलाओं के सामान्य स्वरूप को दरशाता है, "यहाँ अजंता में धार्मिक भक्तिभाव वास्तुकला, मूर्तिकला और चित्रकला के कण-कण में व्याप्त होकर उनका ऐसा सुखद संगम हुआ है जिसने हिंदू कला के अति उत्तम स्मारक को जन्म दिया है।" पुनश्च, "शिव स्वयं नृत्य के देवता हैं और शिव का नृत्य संसार की समूची गतिविधि का प्रतीक है। न्यूयॉर्क के थिएटर में नृत्य प्रस्तुत करनेवाले, व्यवसायी वृत्तिवाले नर्तक को यह जानकर आश्चर्य होगा कि नृत्य, नाटक तथा संगीत के समामेलन से निर्मित उसके पूर्वजों का 'नाट्यम्' परमानंद 'मोक्ष की प्राप्ति के ध्येय से प्रेरित था। अतीत के सच्चे कलाकारों का एकमात्र लक्ष्य यही था कि वे पूर्ण एकाग्रता से जीवन भर कला की 'साधना' करते रहें। एक सच्चा कलाकार अपने निजी कलात्मक व्यक्तित्व से कहीं ऊँचे लक्ष्य का माध्यम और साधन होता है। वह तीव्र संवेग के साथ तपस्या करता है और अपने आंतरिक तथा बाह्य निरीक्षण, प्रेक्षण तथा अनुभव के त्रिवेणी संगम से एक नए संसार की सृष्टि करता है। जहाँ तक अनुभूति की तीव्रता या तप का संबंध है, यह उल्लेखनीय है कि अपने अंतिम

अजंता के बारे में विल डूरैंट का यह विचार समूची हिंदू कलाओं के सामान्य स्वरूप को दरशाता है, "यहाँ अजंता में धार्मिक भक्तिभाव वास्तुकला, मूर्तिकला और चित्रकला के कण-कण में व्याप्त होकर उनका ऐसा सुखद संगम हुआ है जिसने हिंदू कला के अति उत्तम स्मारक को जन्म दिया है।"

दिनों में मिल्टन प्रतिदिन पचास और विर्जिल केवल नौ पंक्तियाँ लिखा करते थे। 'सावित्री' एक बार में नहीं, बारह बार में लिखी गई। कष्ट और चुनौतियाँ उसके संवेग में तीव्र निखार लाती हैं। जब 'बीथोवेन' बहरे तथा मिल्टन अंधे हो गए, तभी हमें उनकी प्रतिभा का सर्वश्रेष्ठ प्रतिफल देखने को मिला। जब विरह की पीड़ा अपनी पराकाष्ठा पर पहुँची, तभी मीरा के हृदय से अति रोमांचकारी गीतों के निर्झर फूटे। मृत्यु की काली छाया में जान बुनयान ने अपनी 'पिल्ग्रिम्स प्रोग्रेस', सावरकर ने 'कमला' और रामप्रसाद बिस्मिल ने अपनी 'सरफरोशी' की तमन्ना पूरी की। ऐसी तीव्र तपस्या तो केवल कोई सच्चा 'साधक' ही कर सकता है। जब एक अहम्मन्य ड्यूचेस ने लियोनार्डो द विंसी से पूछा कि अपनी श्रेष्ठ कृति को पूरा करने में उन्हें कितना समय लगा तो विंसी ने उत्तर दिया, 'इकसठ वर्ष, मदाम!' जब माइकल एंजेलो को बताया गया कि हाल ही में अपने चित्र में उन्होंने जो भी परिवर्तन किए, वे सब-के-सब साधारण से तो थे, तब उन्होंने झुँझलाकर कहा, "इन परिवर्तनों में से प्रत्येक साधारण हो सकता है, किंतु इन सभी साधारण परिवर्तनों का संपूर्ण योगफल साधारण नहीं है, वह तो कुछ असाधारण है।"

आदर्श स्थिति में कला और कलाकार एकाकार हो जाते हैं। डब्ल्यू.बी. यीट्स पूछते हैं, "नृत्य से हम नर्तक की पहचान कैसे कर सकते हैं?" इलियट तो इससे भी परे चले जाते हैं, "...और वहाँ केवल नृत्य रह जाता है।"

आदर्श स्थिति में कला और कलाकार एकाकार हो जाते हैं। डब्ल्यू. बी. यीट्स पूछते हैं, "नृत्य से हम नर्तक की पहचान कैसे कर सकते हैं?" इलियट तो इससे भी परे चले जाते हैं, "...और वहाँ केवल नृत्य रह जाता है।" केवल यह प्रकार ही 'कलाकारों' की सम्माननीय श्रेणी में स्थान पाने का दावा कर सकता है। यह भेद किया ही जाना चाहिए कि

'साधना' व्यवसाय नहीं होती और सच्चा कलाकार व्यवसायी नहीं होता।

दुर्भाग्यवश इस क्षेत्र पर उपयोगितावाद छा गया है।

अब यह वृत्ति-सी हो गई है कि कला के सौंदर्य पक्ष की उपेक्षा करके उसके वाणिज्यिक पक्ष को अत्यधिक महत्त्व दिया जाए। सच्ची 'साधना' से कहीं अधिक संगत जो सब बातें होती जा रही हैं, वे हैं—रंगमंच, वेशभूषा तथा साथी कलाकारों के लिए पर्याप्त वित्तीय संसाधनों की व्यवस्था, प्रचार-प्रसार तथा छवि-निर्माण के लिए प्रचार-माध्यमों से समुचित संपर्क तथा कलाकारों को संरक्षण प्रदान करनेवाली सरकारी एजेंसियों तक पहुँच। इने-गिने कला-छात्र ही ऐसे होते हैं, जो कला के मूल तत्त्वों को ग्रहण करने का प्रयास करते हैं और आत्मज्ञान तथा आत्मपरितोष के लिए ज्ञान-प्राप्ति की कामना करते हैं। पहले कला-छात्र समर्पित गुरुओं के चरणों में बैठकर कठोर प्रशिक्षण प्राप्त करते थे। आज यदि उन गुरुओं के पद-चिह्नों पर चला जाए तो कला-संस्थानों के लिए जीना दूभर हो जाएगा। पुनश्च, आज ऐसे गुरुओं की माँग भी नहीं है, क्योंकि प्रत्येक किशोर इस हड़बड़ी में है कि जितने शीघ्र हो सके, रेडियो या दूरदर्शन में घुस जाए।

रंगमंच, वेशभूषा तथा साथी कलाकारों के लिए पर्याप्त वित्तीय संसाधनों की व्यवस्था, प्रचार-प्रसार तथा छवि-निर्माण के लिए प्रचार-माध्यमों से समुचित संपर्क तथा कलाकारों को संरक्षण प्रदान करनेवाली सरकारी एजेंसियों तक पहुँच।

कला-संवर्धन में जुटे संगठन मनोरंजन-पक्ष की अधिक चिंता करते हैं। श्रोता या दर्शक यदा-कदा आते हैं और उनमें सच्चा भाव या समुचित प्रशिक्षण नहीं होता। कला-प्रेमियों (कला-मर्मज्ञ) के पास परिष्कृत मूल्यांकन एवं सराहना के लिए आवश्यक अवकाश के क्षण या धैर्य

नहीं होता। औद्योगिक सभ्यता के इस युग में कला के क्षेत्र में जुटे लोगों के पास समय का अकाल है और कला को चाहिए मन की स्थिरता, शांति और मानसिक तथा शारीरिक ऊर्जा का भंडार। धन और यश की लोलुपता अति प्रबल है। इसी से विज्ञापन-एजेंसियों का महत्त्व हो गया है। कला-प्रबंधकों का बोलबाला है। वे छल, बल, कौशल से कलाकारों तथा कलाप्रेमियों को जिधर चाहें मोड़ सकते हैं।

अतः वाणिज्यिक कला सच्ची कला को धकिया रही है। हम तेजी से अति साधारणता के विनाशकारी गड्ढे की ओर बढ़ रहे हैं। यदि तुरंत इस वृत्ति पर अंकुश नहीं लगाया गया तो कला के क्षेत्र में हम रसातल में चले जाएँगे।

अतः वाणिज्यिक कला सच्ची कला को धकिया रही है। हम तेजी से अति साधारणता के विनाशकारी गड्ढे की ओर बढ़ रहे हैं। यदि तुरंत इस वृत्ति पर अंकुश नहीं लगाया गया तो कला के क्षेत्र में हम रसातल में चले जाएँगे।

प्रत्यक्षतः यह असंभव कार्य है। इसे संभव तभी बनाया जा सकता है जब हिंदुत्व की मूल भावना की पुनः प्रतिष्ठा की जाए। यही 'संस्कार भारती' का ध्येय है। और इसी के लिए उसे प्रारंभ से प्रारंभ करना है।

"पुनश्च हरिः ओ3म्"।

वस्तुतः कला है क्या ?

कला

जब 'संस्कार भारती' कला की चर्चा करती है तो निश्चय ही पाश्चिमात्य अथवा हमारे देश में उनके शिविर के अनुयायी पूछेंगे कि संस्कार भारती की 'कला' की परिभाषा क्या है ?

एक अवसर पर गुरुदेव रवींद्रनाथ ठाकुर ने पश्चिमी श्रोताओं के सम्मुख 'कला' की परिभाषा करने से इनकार कर दिया। उसके स्थान पर

उन्होंने उसके क्रियात्मक पक्ष को स्पष्ट किया।

क्या उनका यह विचार रहा होगा कि 'कला' संबंधी हमारी संकल्पना तथा उसके प्रति हमारे दृष्टिकोण को पाश्चिमात्य नहीं समझ पाएँगे क्योंकि उनका विशिष्ट मानसिक साँचा हमसे भिन्न है? फिर भी उन्होंने बड़े यत्न से उसके क्रियात्मक पक्ष को समझाने का प्रयास किया।

'कला क्या है?' से संबंधित चर्चाएँ उस क्षेत्र में चेतन प्रयोजन के दल का सूत्रपात करती हैं, जहाँ सृजन तथा आनंदानुभूति की हमारी दोनों ही क्षमताएँ स्वत:प्रसूत तथा अर्धचेतन रही हैं। उनका लक्ष्य होता है कि वे हमारे सामने ऐसे निश्चित प्रतिमान प्रस्तुत करें, जो कलाकृतियों के संबंध में हमारे निर्णयों का मार्गदर्शन कर सकें। अत: हमने आधुनिककाल में निर्णायकों को अपने बनाए हुए किन्हीं विशेष नियमों के अनुसार निर्णय देते हुए सुना है। उनके कारण ऐसी अमर कृतियों को सिंहासन से उतार दिया जाता है, जो सदियों तक निर्विवाद रही हैं।

'कला क्या है?' से संबंधित चर्चाएँ उस क्षेत्र में चेतन प्रयोजन के दल का सूत्रपात करती हैं, जहाँ सृजन तथा आनंदानुभूति की हमारी दोनों ही क्षमताएँ स्वत:प्रसूत तथा अर्धचेतन रही हैं। उनका लक्ष्य होता है कि वे हमारे सामने ऐसे निश्चित प्रतिमान प्रस्तुत करें, जो कलाकृतियों के संबंध में हमारे निर्णयों का मार्गदर्शन कर सकें।

कसौटी क्या है? क्या कलाकृतियों का मूल्यांकन इस आधार पर किया जाए कि वे कहाँ तक विश्वजनीन रूप से समझी जाती हैं या वे कहाँ तक जीवन की अपनी दार्शनिक व्याख्या प्रस्तुत करती हैं या वे कहाँ तक सामयिक समस्याओं का समाधान प्रस्तुत करती हैं या वे कहाँ तक किसी ऐसी बात को अभिव्यक्त करती हैं, जो कलाकार के अपने देशवासियों की प्रकृति से निजत्व रखती हैं?

आनंदानुभूति साहित्य और कला दोनों की ही आत्मा है। विश्लेषण करने पर उसके सतरंगे सप्तक्रम में उसके समूचे भिन्न नक्षत्र-जगत् में व्याप्त विभिन्न रंगों तथा तीव्रता की असंख्य किरणमालाओं को झिलमिलाते हुए देखा जा सकता है।

मानव के पास ऐसी भावनात्मक ऊर्जा का भंडार है, जो पूर्णतः उसकी आत्मरक्षा में नहीं खप पाती। यह अतिरेक या अधिशेष कला-सृजन के रूप में अपना मार्ग खोजने का प्रयास करता है, क्योंकि मानव की सभ्यता उसके अधिशेष के आधार पर खड़ी है।

आनंदानुभूति साहित्य और कला दोनों की ही आत्मा है। विश्लेषण करने पर उसके सतरंगे सप्तक्रम में उसके समूचे भिन्न नक्षत्र-जगत् में व्याप्त विभिन्न रंगों तथा तीव्रता की असंख्य किरणमालाओं को झिलमिलाते हुए देखा जा सकता है।

कला में मानव स्वयं को अभिव्यक्त करता है, अपने पदार्थों को नहीं। उसके पदार्थों को तो स्थान सूचना तथा विज्ञान की पुस्तकों में मिलता है, जहाँ उसे स्वयं को पूर्णतया छिपाना पड़ता है।

वे प्रमुख सृजनात्मक शक्तियाँ, जो वस्तुओं को हमारी जीवंत संरचना में रूपांतरित करती हैं, भावनात्मक शक्तियाँ होती हैं।

यह जगत् पूर्णतया हमारा अपना हो जाता है, जब वह हमारे मनोभावों की परिधि में आ जाता है। जब हमारी घृणा और प्रेम, सुख और दुःख, भय और आश्चर्य निरंतर उस पर प्रभाव डालते हैं तो यह जगत् हमारे व्यक्तित्व का अभिन्न अंग हो जाता है।

सूर्योदय का तथ्य नहीं प्रत्युत हमसे उसका जो संबंध है, वह शाश्वत रुचि का विषय होता है।

जो वस्तुएँ हमारे मनोभावों को उद्दीप्त करती हैं, वे हमारी अपनी

स्वानुभूति को भी उद्दीप्त करती हैं। कलाकार अपने कथ्य को केवल सूचना देकर और स्पष्ट करके अभिव्यक्त नहीं कर सकता। जब मुझे कहना होता है कि मैं गुलाब के बारे में क्या जानता हूँ तो सरलतम भाषा की आवश्यकता होती है, पर जब मुझे कहना होता है कि मैं गुलाब के बारे में क्या अनुभव करता हूँ तो स्थिति भिन्न होती है। तब तथ्यों अथवा नियमों से उसका कोई संबंध नहीं होता। उसका संबंध रूप और सुगंध से होता है और उसकी अनुभूति केवल देख और सूँघकर ही की जा सकती है।

काव्य में हमें समुचित सुरुचिसंपन्न शब्दों का प्रयोग करना पड़ता है। वे न केवल बोल उठते हैं बल्कि चित्र प्रस्तुत करते हैं और गाते हैं। चित्र और गीत तथ्य मात्र नहीं होते, वे व्यक्तिगत तथ्य होते हैं।

वे केवल अपने तक सीमित नहीं रहते अपितु हमारे अंग भी बन जाते हैं। वे विश्लेषण के बंधन में नहीं पड़ते और तुरंत हमारे हृदय को छू लेते हैं।

काव्य में हमें समुचित सुरुचिसंपन्न शब्दों का प्रयोग करना पड़ता है। वे न केवल बोल उठते हैं बल्कि चित्र प्रस्तुत करते हैं और गाते हैं। चित्र और गीत तथ्य मात्र नहीं होते, वे व्यक्तिगत तथ्य होते हैं। वे केवल अपने तक सीमित नहीं रहते अपितु हमारे अंग भी बन जाते हैं। वे विश्लेषण के बंधन में नहीं पड़ते और तुरंत हमारे हृदय को छू लेते हैं।

जब हमारा हृदय प्रेम अथवा अन्य प्रमुख भावों में पूर्णत: विभोर हो जाता है तो हमारा व्यक्तित्व उससे आप्लावित हो जाता है। तब वह अभिव्यक्ति की पीड़ा से विवश होकर स्वयं को अभिव्यक्त करने के लिए छटपटाने लगता है। तब कला का जन्म होता है और हम आवश्यकता के दावों और उपयोगिता के प्रलाप को भूल जाते हैं। हमारे मंदिरों के कलश सितारों को चूमने का और हमारे संगीत के सुमधुर स्वर अनिवर्चनीय की

गहराई को मापने का प्रयास करने लगते हैं।

उपयोगिता और आत्माभिव्यक्ति की दो समानांतर पटरियों पर चलनेवाली मानव की ऊर्जाएँ आपस में मिलने और घुलने लगती हैं।

हमारे जीवन का एक पक्ष सीमाओं से घिरा है। वहाँ हम स्वयं को पग-पग पर व्यय (क्षय) करते जाते हैं। हमारे जीवन का एक दूसरा पक्ष भी है जहाँ हमारी कामना, आनंदानुभूति और त्याग असीम है। मानव के इस असीम पक्ष की अभिव्यक्ति किन्हीं ऐसे प्रतीकों के रूप में होनी ही चाहिए जिनमें अमरत्व के तत्त्व हों। स्वाभाविक है कि वहाँ वह सर्वांगपूर्णता का प्रयास करेगी।

हमारे जीवन का एक पक्ष सीमाओं से घिरा है। वहाँ हम स्वयं को पग-पग पर व्यय (क्षय) करते जाते हैं। हमारे जीवन का एक दूसरा पक्ष भी है जहाँ हमारी कामना, आनंदानुभूति और त्याग असीम है। मानव के इस असीम पक्ष की अभिव्यक्ति किन्हीं ऐसे प्रतीकों के रूप में होनी ही चाहिए जिनमें अमरत्व के तत्त्व हों।

मानव के सच्चे संसार का, सत्यम्, शिवम्, सुंदरम् के जीवमान (चिन्मय) संसार का सृजन ही कला का धर्म, कर्म एवं मर्म है।

सत्य का विराट् पुरुष से शाश्वत संबंध है। सौंदर्य केवल तथ्य नहीं है, उसका आकलन नहीं हो सकता, उसका सर्वेक्षण और प्रमापन नहीं हो सकता। वह तो अभिव्यक्ति है।

धुंध और कोहरे से ढके इन विशाल प्रदेशों में कला अपने ऐसे नक्षत्रों का सृजन कर रही है, जो अपने आकार में तो ससीम हैं, पर अपने व्यक्तित्व में असीम हैं।

कला में हमारे भीतर बैठा व्यक्ति अपने उत्तर विराट् परम पुरुष को भेज रहा है और परम पुरुष तथ्यों के प्रकाशहीन संसार के आर-पार अनंत

सौंदर्य के संसार के रूप में स्वयं को हमारे सामने प्रकट कर रहा है।

संभवत: गुरुदेव की यह आशंका ठीक ही थी कि इस विषय विशेष में उनके श्रोताओं की जन्मजात अक्षमता थी।

जैसा कि श्री अरविंद ने कहा है, भारतीय कलात्मक सृजन का समूचा आधार प्रत्यक्षत: आध्यात्मिक तथा अंतर्दर्शी है और वह बुद्धि की तुलना में प्रत्यक्ष अनुभूति-पद्धति की अथाह श्रेष्ठता को दरशाता है।

विज्ञान के बारे में लियोनार्दो द विंची की उल्लेखनीय सहज अंतरानुभूतियाँ तथा कला के बारे में उनकी सृजनात्मक सहज अंतरानुभूतियाँ एक ही शक्ति से प्रस्फुटित हुईं, परंतु परिवेशीय अथवा गौण मानसिक प्रक्रियाएँ भिन्न रंग-रूप की थीं। स्वयं कला में भी विभिन्न प्रकार की सहज अंतरानुभूतियाँ हैं। (शेक्सपियर, बाल्जाक अथवा इब्सन की सहज अनुभूतियाँ)

विज्ञान के बारे में लियोनार्दो द विंची की उल्लेखनीय सहज अंतरानुभूतियाँ तथा कला के बारे में उनकी सृजनात्मक सहज अंतरानुभूतियाँ एक ही शक्ति से प्रस्फुटित हुईं, परंतु परिवेशीय अथवा गौण मानसिक प्रक्रियाएँ भिन्न रंग-रूप की थीं। स्वयं कला में भी विभिन्न प्रकार की सहज अंतरानुभूतियाँ हैं।

स्वाभाविक पश्चिमी मानसिकता भारतीय कला से कुछ ऐसी वस्तु की माँग करती है, जो भारतीय कला की अनोखी भावना और प्रेरणा के उद्देश्य से भिन्न है। यह माँग करते हुए स्वयं वह एक अन्य प्रकार की आध्यात्मिक अनुभूति, सृजन दृष्टि, कल्पनाशक्ति तथा अभिव्यंजना-शैली के क्षेत्र में पदार्पण करने के लिए तैयार नहीं है।

वास्तव में समस्त महान् कला का उद्गम अंतरानुभूति से होता

है, बुद्धि अथवा कल्पना की किसी अद्‌भुत उड़ान से नहीं। ये केवल मानसिक रूपांतर होते हैं, परंतु इनके पीछे जीवन अथवा अस्तित्व के किसी सत्य की, उस सत्य के किसी महत्त्वपूर्ण रूप की, मानव मन में उसके किसी विकास की सीधी सहज अनुभूति होती है। अभी तक महान् यूरोपीय तथा महान् भारतीय सृजन में कोई अंतर नहीं है। तो भारी अंतर कहाँ से प्राप्त होता है? यह अंतर हर अन्य वस्तु में है। अंतर सहज अनुभूति (अंतरानुभूति) के विषय और क्षेत्र में हैं, अंतर दृष्टि अथवा संकेत को साकार करने की शैली में है, अंतर प्रस्तुतीकरण में बाह्य रूप और विधा की भूमिका में है, अंतर मानव मन के लिए प्रस्तुतिकरण की समूची शैली में तथा हमारे अस्तित्व के केंद्र में है, जिसे सृजन भाता है।

प्राचीन भारतीय कला का सिद्धांत अन्य प्रकार का है। वह अपने सर्वोच्च से भी सर्वोच्च स्तर पर अपना स्वरूप शेष को दे देती है और अपने प्रभाव की कुछ छाप उस पर छोड़ देती है। उसका सर्वोच्च उद्‌देश्य यह है कि वह आत्म प्रकटन के संदर्भ में आत्म, असीम, दिव्य को—अपनी अभिव्यंजना के द्वारा 'आत्म' को, अपने साकार ससीम प्रतीकों के द्वारा असीम को, अपनी शक्तियों के द्वारा दिव्य को—कुछ अभिव्यक्ति प्रदान करे।

प्राचीन भारतीय कला का सिद्धांत अन्य प्रकार का है। वह अपने सर्वोच्च से भी सर्वोच्च स्तर पर अपना स्वरूप शेष को दे देती है और अपने प्रभाव की कुछ छाप उस पर छोड़ देती है। उसका सर्वोच्च उद्‌देश्य यह है कि वह आत्म प्रकटन के संदर्भ में आत्म, असीम, दिव्य को—अपनी अभिव्यंजना के द्वारा 'आत्म' को, अपने साकार ससीम प्रतीकों के द्वारा असीम को, अपनी शक्तियों के द्वारा दिव्य को—कुछ अभिव्यक्ति प्रदान करे। ऐसा नहीं है

कि समस्त भारतीय सृजन ने इस आदर्श को प्राप्त कर लिया। निस्संदेह ऐसा बहुत सा सृजन है, जो घटिया स्तर का, प्रभावशून्य तथा भ्रष्ट भी है। किंतु यह सर्वोत्तम तथा अति विशिष्ट निष्पादन है, जो कला को अपनी स्वर-शैली प्रदान करता है और उसी दृष्टि से ही हमें मूल्यांकन करना चाहिए। वस्तुतः भारतीय कला का भी वैसा ही आध्यात्मिक लक्ष्य तथा सिद्धांत है जैसा कि शेष भारतीय संस्कृति का है। यह एक अंतर्दर्शी तथा आध्यात्मिक कला है और उसे अंतर्दर्शी तथा आध्यात्मिक दृष्टि से ही देखा जाना चाहिए।

परिदृश्य

किसी हिंदू द्वारा हिंदू कलाओं तथा हिंदू सौंदर्य-बोध के आकलन तथा मूल्यांकन को पूर्णतया आत्मपरक माना जा सकता है। इन विषयों के बारे में भारत में भगिनी निवेदिता के नाम से विख्यात सुश्री मार्ग्रेट नोबल की प्रतिक्रिया को अधिक निष्पक्ष माना जाएगा। अतः इस विषय पर उनके कतिपय उद्गार अधिक उपयुक्त तथा ज्ञानवर्धक होंगे—

किसी हिंदू द्वारा हिंदू कलाओं तथा हिंदू सौंदर्य-बोध के आकलन तथा मूल्यांकन को पूर्णतया आत्मपरक माना जा सकता है। इन विषयों के बारे में भारत में भगिनी निवेदिता के नाम से विख्यात सुश्री मार्ग्रेट नोबल की प्रतिक्रिया को अधिक निष्पक्ष माना जाएगा। अतः इस विषय पर उनके कतिपय उद्गार अधिक उपयुक्त तथा ज्ञानवर्धक होंगे।

"चित्तौड़ केवल कालक्रमिक अभिलेख नहीं है, वह शाश्वत प्रतीक है, वह भारतीय प्रतिभा के एक कालखंड के हृदय का हृदय है।"

"चिरकाल तक, जब तक धरती रहेगी, एलोरा एक ऐसा स्थान होगा जहाँ परमात्मा का रहस्य मानव आत्माओं पर प्रचुरतम मात्रा में प्रस्फुटित हुआ है, चाहे वे किसी भी समूह के हों, चाहे उनका पंथ जो भी हो।"

"किसी विशाल ऑर्गन (वाद्ययंत्र) की वक्रताओं तथा स्तंभों की भाँति अजंता की घाटी में सूर्याभिमुखी पर्वतीय क्षेत्र के साथ-साथ पत्थर के तोरणों तथा स्तंभों की शृंखला फैली हुई है।"

"सभी देशों में भिक्षु ने वंशानुक्रम के स्थान पर भवनों के द्वारा स्वयं को अविस्मरणीय बना लिया है। भारत में इन्हें अधिकांशः तराशा गया है, जैसी कि स्थिति दक्षिण में महाबलीपुरम् में है अथवा निर्माण न करके उन्हें खोदकर उभारा गया है, जैसी कि स्थिति एलोरा तथा अन्यत्र है। किंतु भावना में कोई अंतर नहीं है।"

"सभी देशों में भिक्षु ने वंशानुक्रम के स्थान पर भवनों के द्वारा स्वयं को अविस्मरणीय बना लिया है। भारत में इन्हें अधिकांशः तराशा गया है, जैसी कि स्थिति दक्षिण में महाबलीपुरम् में है अथवा निर्माण न करके उन्हें खोदकर उभारा गया है, जैसी कि स्थिति एलोरा तथा अन्यत्र है। किंतु भावना में कोई अंतर नहीं है।"

"यहाँ इन सुरम्य साधना-स्थलों में—क्योंकि वे सब-के-सब नैसर्गिक सौंदर्य के मध्य में स्थित हैं—उस विचारधारा तथा ज्ञान, मौन चिंतन, मनन की शक्ति को पल्लवित किया गया जिसने भारत को वह रूप प्रदान किया जिस रूप में आज हम उसे जानते हैं। यहाँ उन स्वप्नों को सँजोया गया जिनका प्रतिबिंब समाज पर पड़ा और वे उन युगों के सामाजिक आदर्श बने जिनमें हम रहते हैं।"

"यह निश्चित है कि तीर्थयात्रा की पवित्रता में स्थान का, कला का और भौगोलिक महत्त्व का भी गुणगान निहित है।"

"भारतीय अंतश्चेतना के लिए स्थान का सौंदर्य स्वयं ऐसा रूप धारण कर लेता है मानो वह आत्मा के लिए परमात्मा की पुकार हो। यदि नियाग्रा गंगातट पर स्थित होता तो इस बात की कल्पना भी बड़ी

विचित्र-सी लगती है कि मानवता उसका कितना भिन्न मूल्यांकन करती। फैशनेबल पिकनिकों तथा मौज-मस्ती के लिए रेलयात्रियों के स्थान पर वहाँ तीर्थयात्रियों की वार्षिक या मासिक यात्रा होती। होटलों के स्थान पर मंदिर होते। प्रदर्शनपूर्ण असंयम के स्थान पर संयम होता। मानवीय उपयोगिता के रथ में उसके शक्तिशाली अश्वों को जोतने की कामना के स्थान पर शरीर का मोह त्यागकर, उससे ऊपर उठकर, सर्वोच्च सत्ता से मिलन के हर्षोन्माद-प्राप्ति की अदम्य इच्छा होती।"

"पश्चिमी हिमालय की उत्तुंग पर्वतमालाओं में लद्दाख की सीमाओं के निकट है लंबी सँकरी हिमानी घाटी और उसी में है अमरनाथ की जगप्रसिद्ध गुफा। उनकी गगनचुंबी ऊँचाइयों के विस्मयकारी विराट् वैभव तथा सौंदर्य का वे (यात्रीगण) परम प्रभु के उपयुक्त धाम के रूप में सदा-सर्वदा स्मरण करते रहेंगे। ईसाइयों को लगेगा, मानो वे चर्च में हैं। वहाँ की चट्टानें और हिमनद पुण्य-स्थल के अंग हैं। बर्फीले दर्रे स्तंभों पर खड़े गलियारे हैं। उनके पीछे खड़े हैं हाथ में पताकाएँ लिये गायकवृंदों के जुलूसों के प्रतीक चीड़-देवदार के जंगल और स्वयं ऊपर का आकाश है धर्ममठ की छत। पौर्वात्यों की यही विशेषता है कि वे समूची प्रकृति पर उस भावना को आरोपित करते हैं जिसे हम केवल पूजा-स्थल के साथ ही जोड़ते हैं।"

पश्चिमी हिमालय की उत्तुंग पर्वतमालाओं में लद्दाख की सीमाओं के निकट है लंबी सँकरी हिमानी घाटी और उसी में है अमरनाथ की जगप्रसिद्ध गुफा। उनकी गगनचुंबी ऊँचाइयों के विस्मयकारी विराट् वैभव तथा सौंदर्य का वे (यात्रीगण) परम प्रभु के उपयुक्त धाम के रूप में सदा-सर्वदा स्मरण करते रहेंगे।

कलाकारों से निवेदन

"हिंदू धर्म का एक पक्ष यह है कि वह न्यूनाधिक प्रतीकवाद का महाविद्यालय है। इसके अतिरिक्त इस प्रतीकवाद की प्रेषणीयता (अपील) वसुधैव कुटुम्बकम् की है। इससे कोई अंतर नहीं पड़ता कि भाषा कौन-सी है, पाठक पढ़ा-लिखा है या अनपढ़। चित्र अपनी कहानी कह देता है—बिना किसी त्रुटि और भूल के।

हिंदू धर्म का एक पक्ष यह है कि वह न्यूनाधिक प्रतीकवाद का महाविद्यालय है। इसके अतिरिक्त इस प्रतीकवाद की प्रेषणीयता (अपील) वसुधैव कुटुम्बकम् की है। इससे कोई अंतर नहीं पड़ता कि भाषा कौन-सी है, पाठक पढ़ा-लिखा है या अनपढ़। चित्र अपनी कहानी कह देता है—बिना किसी त्रुटि और भूल के।

"एक भारतीय रंगचित्र को यदि वास्तव में भारतीय और वास्तव में महान् बनना है तो उसे भारतीय हृदय को भारतीय ढंग से स्पर्श करना ही होगा, उसे ऐसे किसी विचार या भावना का संप्रेषण करना ही होगा जो या तो जाना-पहचाना हो या फिर सहज-सुबोध हो। इसके अतिरिक्त उसे अति श्रेष्ठ स्तर का बनना ही होगा। उसे दर्शक के मन में किसी ऐसी दिव्य भावना को जागृत करना ही होगा जो उसकी महानता का प्रतीक है।"

"कला का पुनर्जन्म होना ही है। हमारे सामने आज भावी यूरोपीयवाद का जो रूप है, उसका वह अंधानुकरण नहीं होगा। कला की जैसी कोई वाणी नहीं है, जो जन-मन तक पहुँच सके। हो सकता है, वह कोई गीत हो, कोई चित्र हो या तेजोमय क्रॉस (या स्वस्तिक) हो, जो सभी जातियों-जनजातियों के हृदय तक पहुँच सके और उन्हें एकता के सूत्र में बाँध सके। और कला का पुनर्जन्म होगा, क्योंकि उसे एक नया विषय मिल गया है—वह है स्वयं भारत।"

"जिस मानव ने अपने युग की संपूर्ण संस्कृति की पुण्य-सलिला में स्नान नहीं किया है, वह उस संस्कृति की श्रेष्ठ अभिव्यक्ति कर ही नहीं सकता।"

"तो कला पर आध्यात्मिक संदेश के प्रसार का दायित्व है—भारत में आज राष्ट्रीयता के संदेश-प्रसार का।"

"अधिक नहीं, केवल दो व्यक्ति समुचित भाव से कला के अध्ययन में जुट जाएँ तो वे भारत के संपूर्ण कला-जगत् की काया ही पलट देंगे।"

"अतः कला हमें एक महान् साँझी वाणी के लिए अवसर प्रदान करती है। यदि मातृभूमि का उत्थान करना है तो कला का पुनर्जन्म होना ही है।"

"विज्ञान की भाँति, शिक्षा की भाँति, उद्योग की भाँति, स्वयं व्यापार की भाँति कला के क्षेत्र में भी अब हमें यह व्रत लेना ही होगा। 'हमें मातृभूमि का पुनर्निर्माण करना है', यही हमारा एकमात्र लक्ष्य होगा।"

"जिस मानव ने अपने युग की संपूर्ण संस्कृति की पुण्य-सलिला में स्नान नहीं किया है, वह उस संस्कृति की श्रेष्ठ अभिव्यक्ति कर ही नहीं सकता।"
"तो कला पर आध्यात्मिक संदेश के प्रसार का दायित्व है—भारत में आज राष्ट्रीयता के संदेश-प्रसार का।"

नान्यः पंथा

'संस्कार भारती' का जन्म इसलिए हुआ है कि वह हिंदू कला को इस योग्य बना सके कि वह भगिनी निवेदिता द्वारा निवेदित भूमिका का निर्वाह कर सके। भगिनी को यह भी पता था कि हिंदू के व्यक्तिगत जीवन का लक्ष्य है—'आत्मनोमोक्षार्थं जगद् हिताय च' अर्थात् 'अपने उद्धार के साथ-साथ जगत् का भी कल्याण'। इसका अर्थ यह है कि हिंदू पुनर्जागरण की ही नैसर्गिक उपज है मानवीय पुनर्जागरण, भले ही उनके जीवन-काल में उनका यह उद्गार समय से अति पूर्व होता।

प्रस्तुत है आर्नोल्ड टायन्बी का उद्‍गार : “भारत में जीवन के प्रति ऐसा दृष्टिकोण, मानवीय समस्याओं के समाधान के लिए ऐसा दर्शन विद्यमान है जो समूचे संसार की आवश्यकताओं की पूर्ति के सुझाव दे सकता है। यदि भारत इस भारतीय आदर्श को जीने में कभी अक्षम रहा, जो सर्वोत्तम है और भारतीय परंपरा की सर्वाधिक कठोर धरोहर है, तो समूची मानवता के लिए यह एक महान् विडंबना होगी। अत: भारत के कंधों पर आध्यात्मिक दायित्व का बहुत बड़ा भार है।”

हमें संयुक्त राष्ट्र संगठन की भारी आवश्यकता थी, किंतु हमारे सामने यथासंभव अति उग्र वैमनस्य है। इससे हमें यह सीख मिलती है कि न तो अकेली राजनीति और न ही अर्थव्यवस्था हमारी रक्षा कर सकेगी। संदेश दिया जा चुका है, आज आवश्यकता है हृदय-परिवर्तन की। मानवता के कर्णधारों को पुराने के स्थान पर नया हृदय लगवाना होगा।

मानव-समाज की अनेकानेक व्याधियाँ हैं और उन्हें दूर करने के लिए अभी तक अनेकानेक उपचार किए जा चुके हैं। पर लगता है कि उनमें से कोई भी समस्या की तह तक नहीं पहुँचा। ‘इवोल्यूशन एंड अर्थली डेस्टिनी’ (विकास और भौतिक नियति) में नलिनीकांत गुप्त कहते हैं, “हमें संयुक्त राष्ट्र संगठन की भारी आवश्यकता थी, किंतु हमारे सामने यथासंभव अति उग्र वैमनस्य है। इससे हमें यह सीख मिलती है कि न तो अकेली राजनीति और न ही अर्थव्यवस्था हमारी रक्षा कर सकेगी। संदेश दिया जा चुका है, आज आवश्यकता है हृदय-परिवर्तन की। मानवता के कर्णधारों को पुराने के स्थान पर नया हृदय लगवाना होगा।”

किंतु क्या ऐसा ‘हृदय-परिवर्तन’ संभव है ?

"हाँ, संभव है।" कहता है एक स्वस्थमना, पर उसकी वाणी क्षीण है।

एक ऐसा उपचार रह गया है जिसका प्रयोग अभी तक नहीं किया गया है।

वह क्या है?

सौंदर्यबोध।

द्वितीय विश्वयुद्ध की समाप्ति के बाद नए मानव-समाज के निर्माण का प्रयास प्रारंभ हुआ। इस प्रयोजन के लिए आर्थिक, राजनीतिक तथा धार्मिक स्वातंत्र्य महत्त्वपूर्ण है। किंतु सौंदर्यबोध के बिना क्या वे पर्याप्त होंगे? यह प्रश्न जे.एच. कोसिंस ने अपनी कृति 'द एस्थेटिक नेसेसिटी ऑफ लाइफ' (जीवन की सौंदर्य की भूख) में उठाया है। लेखक का आग्रह है कि सौंदर्यबोध के माध्यम से मानव के मनोभावों पर अंकुश लगाए बिना नए समाज का गठन नहीं किया जा सकता। मानवीयतारहित बुद्धि विपत्तिजनक सिद्ध हो सकती है।

द्वितीय विश्वयुद्ध की समाप्ति के बाद नए मानव-समाज के निर्माण का प्रयास प्रारंभ हुआ। इस प्रयोजन के लिए आर्थिक, राजनीतिक तथा धार्मिक स्वातंत्र्य महत्त्वपूर्ण है। किंतु सौंदर्यबोध के बिना क्या वे पर्याप्त होंगे? यह प्रश्न जे.एच. कोसिंस ने अपनी कृति 'द एस्थेटिक नेसेसिटी ऑफ लाइफ' (जीवन की सौंदर्य की भूख) में उठाया है।

कोसिंस की विचारधारा हमें श्रद्धेय डॉ. हेडगेवार के उद्गार का स्मरण कराती है। उन्होंने कहा है, "हमारे देश में कलाओं के तो अनेक महाविद्यालय हैं, पर हृदय का कोई महाविद्यालय नहीं है।"

पीड़ा से ग्रस्त तथा त्रस्त मानवता के मानस को कोसिंस के आग्रह में आशा की एक नई किरण के दर्शन हो सकते हैं। उनके अनुसार कलाएँ तो अपराधियों तथा आतंकवादियों को भी शांत कर सकती हैं।

इस प्रयोजन के लिए यह एक अनिवार्य अनुपूरक उपाय दिख पड़ता है।

उस दशा में निश्चय ही 'संस्कार भारती' जैसे संगठनों से अपेक्षा की जाएगी कि वे अंतरराष्ट्रीय स्तर पर भी महत्त्वपूर्ण भूमिका का निर्वाह करें।

आर्नोल्ड टायन्बी ने कहा है, "हम आज भी विश्व-इतिहास के इस संक्रमण अध्याय में जी रहे हैं, लेकिन यह तो पहले से ही स्पष्ट होता जा रहा है कि जिस अध्याय का श्रीगणेश पश्चिमी हुआ था, उसका समापन भारतीय ही होगा, यदि उसकी परिणति मानव-जाति के विनाश में नहीं होनी है।...मानव-इतिहास की इस संकटपूर्ण घड़ी में मानव-जाति के उद्धार का एक ही मार्ग है और वह है भारतीय मार्ग।"

□□□